# 산사의 소리와 향기

탄공 스님 시집

청어

# 산사의 소리와 향기

### 탄공 스님 시집



이 책을 만나는 소중한 인연으로
　　날마다 좋은 날 되소서.




　　　　　　　　　　＿＿＿＿＿＿＿＿＿＿ 님께 드립니다.

## 머리글

삼천대천(三千大千) 세계가 늘 가득한 산사
천상천하(天上天下) 만물이 소생하는 절도량에서
물소리 들리니 만상의 눈을 떠 새싹이 태어나기에
흐르는 계곡물에 내 마음에서 일어나는 것을 글로 표현하여
낙엽에 적어 저만큼 떠내려 보내니,
어느새 수북이 쌓여 가라앉은 낙엽들
햇빛 내리는 날 다시 건져 말려봅니다.
수행자의 삶 한자리에서
가진 것이라고는 이 몸 하나밖에 가진 것 없으니
버릴 것도 없이 누더기 한 벌이면 되는 줄 알았습니다.
불멸의 길을 찾기 위한 수행의 길 위에서
보이는 대로 들리는 대로 그때그때 느끼다 보니
이제 노승이 되고 보니 모두 무상하답니다.
하루해가 길고 짧은 줄도 모르고 살아온 한 수행자의 일지가
불생불멸 글이 되었으니 아쉬운 마음에 한 장씩 닦아서
경전 속에 다시 넣어둔 글귀로 남겨
책으로 다시 엮어봅니다.

## 차례

5  머리글

14  마음자리
15  행운의 승려
16  토굴에서
17  가는 세월 오는 세월
18  중생의 욕심
19  누가 나 대신 성불하시게
20  자연을 품은
    발우공양이란
21  나이가 든다는 것
22  염불 소리
23  할미꽃
24  목련꽃 관세음보살님
25  대자연 속에
26  묵은 승려도 꽃을 보면
27  상담이 왜 필요할까
28  불사 도량

29  풋풋한 향기
30  꽃향기
31  사월 초파일 자비와 사랑
33  새해 첫날 희망과 꿈
34  자연의 소리
36  봄을 기다리며
37  왕관 두릅
38  산사의 봄맛
39  마음껏 써보자
40  뜰앞의 큰 고목
41  내가 도인이 되면
42  탑을 쌓는 도인
43  시방세계
44  그리운 고향 산천
45  절에 두고 간 화두
46  집착과 애착

| | | | |
|---|---|---|---|
| 47 | 봄의 초입에 서서 | 66 | 봄날 아침 |
| 48 | 바람 소리 | 67 | 진달래 향기 |
| 50 | 우연이라도 | 68 | 계절이 주는 멋 |
| 51 | 이 봄을 마음껏 | 69 | 자연이 준 성불 |
| 52 | 허허 참 | 70 | 묵향 |
| 53 | 초파일 준비하면서 | 71 | 마음의 등불 |
| 55 | 백천만겁 | 72 | 소리와 향기 |
| 56 | 내 마음 어디에 | 73 | 어리석은 중생 |
| 57 | 민들레 홀씨 되어 | 75 | 청정도량 |
| 59 | 우수 | 76 | 수행길 |
| 60 | 지혜의 씨앗 | 77 | 대자연 앞에서 |
| 61 | 주인 없는 빈산 | 78 | 길을 묻고 있다 |
| 62 | 지금도 수행 중이요 | 79 | 오색단청 |
| 63 | 마음농사 | 80 | 눈물 한 방울 |
| 64 | 살아온 습관 | 81 | 탐욕의 빈 발우 |
| 65 | 마음공부 | 82 | 쉼[休] |

| | | | |
|---|---|---|---|
| 83 | 빈 둥지 | 103 | 황금 들녘 |
| 84 | 無의 세계 | 104 | 금강의 마음 |
| 85 | 염주 알 | 106 | 당신이 부처입니다 |
| 86 | 운무 | 107 | 가을비 |
| 87 | 아침 햇살 | 108 | 가을이 오는구나 |
| 88 | 부처님 향기 따라 | 109 | 작은 촛불 |
| 89 | 서로 나누는 계절 | 110 | 지나온 세월 |
| 90 | 나는 누가 선택한 삶인가 | 111 | 인생 |
| 91 | 여름 장맛비 오는 밤 | 112 | 구름에 달 가듯이 |
| 92 | 잠시라도 괜찮아 | 113 | 오늘 하루 |
| 93 | 인연이 다하면 | 114 | 어찌 혼자 가실꼬 |
| 94 | 진여의 등불 | 115 | 탐(貪) 진(瞋) 치(癡) |
| 95 | 나는 나답게 | 116 | 우리 스님들 |
| 96 | 마음에도 없는 말 | 117 | 해와 달 |
| 97 | 산사에 오면 | 118 | 서쪽에서 뜨는 해 |
| 98 | 수행자의 길 | 119 | 낙엽 |
| 99 | 허공에 쓴 시 | 120 | 가을 하늘 |
| 100 | 일체제법 | 121 | 배꼽이 빨간 감 |
| 101 | 사박 걸음 소리 | 122 | 무상 |
| 102 | 오색구름 | 123 | 가을 달빛 소리 |

| | | | |
|---|---|---|---|
| 124 | 보름달 | 144 | 가을을 즐기는 강아지 |
| 125 | 추석 | 145 | 절벽 바위틈 |
| 126 | 지나온 세월 | 146 | 파란 하늘 |
| 127 | 바람과 함께 | 147 | 노스님 |
| 128 | 아! 가을이구나 | 148 | 번뇌망상 |
| 129 | 가을 들국화 | 149 | 석류알 |
| 130 | 수행자의 기도 | 150 | 아름다운 산사 |
| 131 | 강강수월래 | 151 | 가을바람 |
| 132 | 붉은 융단 | 153 | 바람 따라 향기 따라 |
| 133 | 살다 보면 | 154 | 낙엽은 지고 |
| 134 | 너는 누구니 | 155 | 큰 가슴 |
| 135 | 계절과 이별 | 156 | 향기만 남기고 |
| 136 | 아침 향기 | 157 | 자연이 보내는 신호등 |
| 137 | 두려움 | 158 | 땅[地] 너만 믿는다 |
| 138 | 천당인지 극락인지 | 159 | 어느 날 갑자기 |
| 139 | 비몽사몽 | 160 | 모두가 벗이구나 |
| 140 | 도토리 키재기 | 161 | 노승으로 가는 길 |
| 141 | 바람 따라 물 따라 | 162 | 자연 속에서 |
| 142 | 보랏빛 국화 | 163 | 바람도 잠을 자는 한가한 오후 |
| 143 | 수술 | | |

| | | | |
|---|---|---|---|
| 164 | 가을바람에 핀 들국화 | 186 | 금빛 은행잎 |
| 165 | 바람 한 자락 | 187 | 하얀 이슬 |
| 166 | 만행의 참맛 | 188 | 오고 간 계절 |
| 167 | 내 마음인 것일까 | 189 | 바람아 바람아 |
| 168 | 산사의 첫눈 | 190 | 자기 마음이지 |
| 170 | 꿈만 같은 세월 | 191 | 덩치 큰 승려 |
| 172 | 물안개 | 192 | 겨울 준비 |
| 174 | 홀로서기 | 193 | 세월이 장사일세! |
| 175 | 너랑 나랑 | 194 | 진심으로 고맙네 |
| | – 힘겨운 강아지 | 195 | 이 마음 구름에 실어 |
| 176 | 울력 | 196 | 내 이름 불러주길 |
| 177 | 부처님이시여 | 197 | 나무 난로 |
| 178 | 추억 | 198 | 서리 내린 아침 |
| 179 | 회주 스님 | 199 | 하얀 겨울 |
| 180 | 굴뚝 연기 | 200 | 인간이란 |
| 181 | 어둠 | 201 | 입에서 나온 말 |
| 182 | 새해 아침 | | – 칭찬으로 시작하자 |
| 183 | 전통 음식 | 202 | 불로장생 |
| 184 | 동짓날 | 203 | 불심 |
| 185 | 무상과 함께 | 204 | 사진 속의 주인공 |

| | | | |
|---|---|---|---|
| 205 | 양말 한 짝 | 226 | 겨울은 |
| 206 | 누비 적삼 벗는 날 | 227 | 한 해를 보내며 |
| 207 | 콩비지찌개 | 228 | 햇볕에 머리 감고 |
| 208 | 김장하는 날 | 229 | 겨울 눈꽃 덕분에 |
| 209 | 새해 달력을 받으며 | 230 | 내 제자 누가 할래 |
| 210 | 산사에 살다 보니 | 232 | 낙엽 위에 쓴 편지 |
| 211 | 12월의 하루 | 233 | 섣달 매화꽃 향기 |
| 212 | 차 향기 | 234 | 동장군 |
| 213 | 눈 내리는 날 | 235 | 보내는 한 해 |
| 214 | 추운 동지기도 | 236 | 윤회하는 계절 |
| 215 | 팥죽 | 237 | 세월 |
| 217 | 봄의 징검다리 | 238 | 그곳에 가면 |
| 218 | 세월이 아쉬워 | | |
| 219 | 행복 | | |
| 220 | 한 송이 꽃보다 | | |
| 221 | 고립되어도 괜찮아 | | |
| 222 | 철새 | | |
| 223 | 중생 서원 | | |
| 224 | 붉은 화로 | | |
| 225 | 대웅전 문살 청소 | | |

# 산사의 소리와 향기

# 마음자리

내 마음의 본체는 무엇인가?
내가 바라본 세상의 모습은 무엇인가?
내가 지금 살아가는 세상은 하루하루가 변화무상한데
그 속에서 과연 나는 공을 찾을 수 있을까?
바다에서 바람 따라 파도치는 바닷물
찻잔에서 잔잔하게 우러나는 찻물
모두 똑같은 물이듯이 내 마음이 둘인 것처럼
마음을 닫아놓고 이것이 있으니 저것이 있다고
망상만 부리고 번뇌에 꽉 차 한 치 앞을 볼 수 없구나
하나밖에 없는 마음 문 열어놓고
다시 한번 일어나는 파도에 모든 것 띄워 보내고
내 마음속 화두 하나 움켜쥐고 싸우는
운수납자(雲水衲子)로 돌아가
우주 대천세계가 모두 진여 불성인 것을 빨리 깨닫자
천지 만물 불성 아닌 것이 없으니 모든 변화를
지배하는 것 또한 내 마음 중심에 있으니
일시적인 감정에 사로잡혀 나중에 후회하지 말고
내 마음 중심에서 나의 본 면모를 찾아
언제나 한 마음자리 열고 닫고
조용하게 공즉시색(空卽是色) 모두 하나임을
공에 두고 수행 정진하리라

## 행운의 승려

사계절 꽃향기 속에
작은 나뭇가지 위
수많은 인연이
아름다움을 연출한다
먼– 거리를 달리게 하던
나의 마음을 멈추게 했다
늦은 시간
등 돌리고 앉은 30년 세월!
나의 영혼 앞에 감사한다
꽃향기와 염불 소리
흥에 겨워
지금도 흠뻑 취해본다

## 토굴에서

자연이 하나 되어 살아있는 무엇이든
모두가 아름답게 움직인다
따스한 햇살에
저마다의 특성의 색깔을 띠며
살랑살랑 맑은 바람 감돌고
따스한 햇살이 토굴을 비춘다
생존에만 급급하여 막혔던
가슴이 활짝 열린다
심호흡하며 마음속에 끼인
번뇌의 먼지와 망상의 때가
함께 벗겨지는 것 같다
온갖 근심 걱정 다 벗어놓고
투명하고 밝게 평온하게
비록 가진 것은 적지만
마음은 넉넉하고 깨달은 수행자처럼
큰소리치며 당당하게 기죽지 말고
승려의 도리를 잃지 않고
따뜻한 가슴을 자연과 나누며 살고 있다

## 가는 세월 오는 세월

한 걸음 한 걸음
걸어온 세월
중생심을 녹여 여기까지 왔습니다
당신을 존경하며
거룩한 뜻을 깨닫기 위해
여기까지 왔습니다
항상 설레는 마음으로
당신을 봅니다
향 하나 사루어
큰절 삼배 올립니다
오늘 당신을 뵙기 위해
또 한 걸음 걸어봅니다

# 중생의 욕심

욕심과 탐심을 버리면
어찌 그리 잘 채워질까?
버리고 난 욕심은 또 싹 튼다
그 모습 바라보며 부끄러워진다
중생의 욕심도 본능의 욕심이라 했던가
잠시 눈을 감고
겸손한 마음으로
순수했던 마음을 찾아본다
어디로 사라졌을까?
저 산 무지개 넘어
오늘도 찾아간다
사심 없이 살기가
그렇게 힘든가 보다
꽃길 따라 마냥 살 수 없는 것을…

## 누가 나 대신 성불하시게

뒤뜰 넓은 바위 위에 가부좌로
앉아 물소리에 마음을 씻고
청정해진 마음은 물소리를 씻는구나
흐르는 계곡물은 귀만 스쳐 가는 것이 아니라
나의 몸을 스쳐 저 강물로 가는구나
깨진 목탁 옆에 놓고
마음공부 한답시고
무상한 시간만 가는구나
누가 나 대신 성불하시게나
나는 목탁이 깨져 염불 못 하고
나는 부처님 법 깨닫지 못해
누가 나 대신 성불하시게

## 자연을 품은 발우공양이란

절집 근처에서 채취한 신선한 먹거리로
만든 식재료 한 상을 발우에 담아
절집의 행복함을 느끼며 맛볼 수 있다
자연의 먹거리를
발우에 담은 음식
자연의 단맛
자연의 신맛
자연의 매운맛
자연의 쓴맛
자연의 짠맛
새콤달콤한 맛 청량한 맛 그대로
낮이면 태양 빛에 작열하고
밤이면 금세 서늘해지는 일교차 때문에
모든 채소가 튼튼하게 잘 자란다
높은 산중의 기후 덕분에 식자재의 조직이
치밀하고 향과 맛이 진하다
첩첩한 산중 풍부한 물과 배수가 잘되는
산자락에서는 명당인 사찰 경내 텃밭에서 재배하니
수확의 기쁨과 함께 맛보기 위해
오늘도 발우에 담는다

## 나이가 든다는 것

아낌없이
나이 어린 사람을
칭찬하고
아낌없이
나이 어린 사람에게
상냥한 미소 지으며
아낌없이
나이 어린 사람에게
예의 바르게 행동하자
나이 든다는 것은
함부로 세월을 가지는 것이 아니다
하루하루 오늘만큼은 지키고 살자
조급함 버리고
망설임 버리고
나의 남은 수행에 대해
올바른 판단을 할 수 있도록
오늘도 향 하나 사루어 삼배드리며
익어가는 노승으로 가려합니다

# 염불 소리

백 년도 못 살다가는 중생들
온갖 짐 지고 찾아오는 중생들
우리 회주 스님 목탁을 두드리며
부처님 전에 무릎 꿇을 때
욕심 보따리 내려놓고
근심 주머니 열어놓고
번뇌망상 져버리고
염불 소리에 두 귀를 맡기면
백 년 걱정 없이 살 수 있을 텐데
백 가지 소원이 모두 이루어져도
더 가지고 싶은 소원은
도림사 법당 앞 와불산에 맡기고
두 손 마주 모으고 합장합니다
소원 많은 중생들을 구원하려 하니
천년만년 회주 스님 염불 목탁 소리
들었으면 좋겠네

# 할미꽃

이름 모를 묘 등에 핀 할미꽃
무슨 사연이 있어 피었을까
햇빛도 없는 흐린 날에 핀 외로운 할미꽃
행여나 지나가는 스님 눈에 띌까 봐
부끄러워 고개 숙인 것일까
봄이 가면 꽃잎 다
떨어 버리겠지
산더미처럼 큰 묘 등을 너의 안방인 양
붉게 타오른 꽃잎을
빛이 아깝다고 무덤 위에 꽃잎 뿌려 주구나
매년 봄이면
어김없이 찾아와
무덤 속에 혼자가 되어 버린
망자의 영혼을 달래려
바람 따라 덩실덩실
춤을 추며 흩날리는구나

# 목련꽃 관세음보살님

계곡물에 떠 있는 목련꽃 한 송이
어딜 가려고 저리도 바쁘게 꽃단장하고서 가려 하나
물은 아래로 가듯이
낮은 곳을 어찌 알고 가려 할까
희고 예쁜 꽃잎 몇 송이
바람에 날리며
관세음보살님 왕관 위에 앉으니
흘러가는 구름도 멈추어
너를 지켜보는구나
고요하고 조용한 산사에
계절의 순리를
봄 향기로 남기고
하늘 아래 가장 아름다운 꽃
왕관 쓴 관세음보살님
숲속의 목련꽃 날리어
내 머리 위에도 뿌려주소서

## 대자연 속에

대웅전 위 수많은 별빛과
바람이 치는 풍경소리
아직 잠들지 못한 새소리
이 밤에 꽃을 피우기 위해
바스락바스락 흔들리는 꽃잎 소리
소나무 향기에 취해
잠 못 이룬 수행자에게
자연은 많은 것을 나에게
선물한다
나는 무엇으로 선물할까
잠 못 이룬 방에
향 하나 사루어
자연의 귀한 선물
고이 간직하며 살아가렵니다

## 묵은 승려도 꽃을 보면

예쁜 꽃을 보면
가슴이 온통 벅차다
어제 본 꽃도 희미해지는
나이에 오늘 보는 꽃이
가장 아름답다
낮에 피는 꽃을 보면
아직도 가슴 벅차고
달 뜨는 밤에 꽃을 보면
잠 못 이뤄진다
인고의 흔적만 남기고 간
세월 앞에 아직은 하며
내숭 떨어보지만
꽃잎 떨어지는 앙상한 가지
내년 봄에 만나자
그때도 지금처럼 벅찬 가슴
예쁘게 피어 네가 나를 기억해주렴

# 상담이 왜 필요할까

긴 인생 여정
처음 가는 낯선 길을 안내 없이 간다면
엎어지고 넘어지고
사람은 누구나 타고난 성품이나 살아온 환경
좋고 나쁜 것이 따로 없다지만
아무리 좋은 음식도
잘못 먹으면 독이 되듯이
인생길 굽이굽이마다
바른길이 어떤 길인지 몰라 헤맬 때
나쁜 길인 것 본인이
더 잘 알면서도 결정 못 할 때
마음먹기 따라서 생각 한번 바꾸어서
상담사와 상담하신다면
어두운 길 등불 되어
힘들게 가든 길도 달라질 것이다
당신을 잘 보살펴 지도하는 분 계신다면
마음 열고 상의하시고
그것이 심리상담이다 보니
실수 없는 밝은 삶이
펼쳐지는 데 꼭 필요합니다
혼자 고민하지 마시고 함께
마음을 나누면 행복해집니다

# 불사 도량

인간의 손끝으로
빚어낸 가운데
가장 아름다운 이곳
하늘을 찌르듯
높은 산중 불사 도량 도림사
바람도 머무는 명당의 산사
하늘 아래 사람의 손끝으로
나무를 다듬고 다듬어 빚어낸 것 가운데
이보다 더한 아름다움 표현할 수 있을까
장인의 정성이 실린 작품
다시 없을 대웅보전
하늘의 구름도 내려와
운무로 감싸 안는다
부처님의 자비 광명 가득함에
두 손 모아 합장드립니다

## 풋풋한 향기

모두가 가장 좋아하는 계절
솔바람 불어와
따뜻한 공기와 맑은
아기 햇살
자기만의 색채 옷을 입느라
바쁜 계절
아름다운 계절이
조금씩 조금씩
산사의 풋풋한 향기로
다가와 품어내지만
아직은 아기 햇살이라
바람이 많이 불어
봄을 시샘한다
바람아, 가고 없는
겨울 생각 하지 말고
꽃피고 새우는 계절
스님과 같이 품어보자꾸나

## 꽃향기

꽃봉오리 터지는 달
아름다운 봄날
이름 모를 꽃들 가득한 도량에
하얀 밥 짓고
취나물 데쳐
부처님 전에 공양 올리니
구수한 밥 냄새보다
꽃향기가 더 그윽합니다
부처님도 꽃향기 맞느라
그윽한 눈으로 꽃향기
취하시는 계절이 왔습니다
다른 것 생각하지 말고
이 좋은 계절 그대로가
극락입니다

# 사월 초파일 자비와 사랑

음력 사월 초파일
부처님 탄생하신 달
마음속 희망이 가득한 가정의 달
가정마다 연꽃 등불 밝혀 놓고
부처님 자비 광명이 가득하소서
비가 오는 날은 꽃물 되어
희망의 씨앗을 심는 계절입니다
막 돋아난 떡잎도 자비와 사랑으로
두 팔 벌려 안아주십시오
잘한다! 잘했다!
우리 가족이 최고다!!
희망의 씨앗을 심어
함께 나누는 아름다운 계절
새 생명이 막 돋아나는 계절
나의 행복한 본래면목(本來面目)*
찾았으면 가족 모두
부처님 전 향 하나 사루시어
큰절 삼배 올리고
두 손 합장 발원 드리면
만사형통한답니다

즐겁고 행복한 날
날마다 날마다 행복하소서

- 본래부터 갖추어져 있는 모습. 나 자신과 우주만물의 궁극적 실체를 뜻함.

## 새해 첫날 희망과 꿈

깊은 산중
산사의 설원이 가득한
도량의 목탁 소리
세상 맨 처음 듣는 소리처럼
옛 성현들의 좋은 말씀
많이 해놓으셨으니
하나라도 실천합시다
추운 겨울 나뭇가지
눈꽃이 피어 하얀 세상
깨끗한 마음으로
한 해를 시작하는 달입니다
새로운 시작 행동으로
실천하시면
지혜가 생깁니다
후회보다 만족하는
멋진 날
희망과 꿈의 도전
멋진 새해입니다
부처님의 자비 광명
가득하시길

## 자연의 소리

소박한 토굴 살림
봄바람에 실려 온
이름 모를 꽃향기
양지바른 바위틈 사이
이른 봄 쑥 몇 잎 따
쑥차 한잔 마시며
덤으로 산사의 꽃향기
봄이 한 발짝
다가온 봄은
누구 손을 잡고 왔을까
몹시도 추운 토굴 산사
기다리던 봄이 왔구나
흰 눈꽃 송이
아쉬워할 틈도 없이
흰 눈썹 하얀 입김에
녹아 겨울 나라 갔나 보다
새벽공기 솔 내음 맡으니
완연한 봄이구나
토굴을 지켜주는 수호신이
봄이었구나

산 높고 깊은 산중
새 생명이 돋아나니
목탁 소리는
온 산천 봄을 알리는
소리로구나

## 봄을 기다리며

흰 눈이 밤새 내려
장독 위에 내려앉았다
한낮의 포근함도
눈을 녹일 생각이
없나 보다
저녁이 되니 찬바람이
찾아와 꽁꽁 얼려 저녁노을에
비친 눈이 아름다워
간신이 내민 내 손을
냉혹하게도 깨진 유리알처럼
굳혀 놓고 갔나 보다
자연의 조화로 빚어진
얼음덩어리
언젠가는 자취 없이 사라지겠지
양지뜸에는 이미 다 녹여
봄 처녀 색동옷 입고 오기를
기다리고 있는데…

## 왕관 두릅

긴 골짜기 골짜기 합하여
사시사철 내려오는 맑은 물은
계곡등천 작은 바위틈 사이에
왕관처럼 돋아난 두릅은
산사 주변의 텃밭이다
왕관 두릅 몇 잎 따서 밀짚모자에 담아
내려다보는 산사 풍경은 곳곳에
묻어있는 스님들의 손길
가득한 대웅전 자연이
담고 있는 풍경의 조화로움이
자연의 가르침을 가슴에 담고
맑은 공기와 맑은 물에 자란
두릅은 신선함이 두 배
맛도 두 배
끓는 물에 데쳐서 파란 나물
관음전에 올리니 부처님도
왕관을 쓰고 계시며
빙그레 웃으신다

## 산사의 봄맛


산이 좋아 맛이 난다
자연이 허락한 만큼 얻어
자연이 빚어낸 맛
입에서 봄 향기
가득하게 뿜어내니
꽃향기가 따로 없다
온몸 꽃향기 가득하니
벌 나비 도량에 노니는
봄이 왔구나
봄나물 향기로 치장하니
신선이 된 듯
몸도 마음도
꽃 피는 봄이구나

## 마음껏 써보자

겨울은 봄을 기다리고
봄은 여름을 기다린다
여름은 가을을 기다리고
가을은 또 겨울을 기다린다
자연은 선택한 사람만이
쓸 수 있는 권리이지만
그 순리에 맞게 마음껏 당겨서
땅 뒤집고 이랑 만들어
한 줌의 씨앗 뿌리면
한 짐의 싱싱한 나물을 주니
부지런히 자연을 당겨
넉넉한 공양간 살림에
자연과 함께 살아가는
대중 스님들은
오늘도 자연과 함께하는 것을
감사드립니다

# 뜰앞의 큰 고목

큰 고목 죽은 듯 서 있더니
어느새 꽃봉오리 맺고
잎도 없이 꽃부터 피는 것 보니
올해도 벚꽃이 만발하겠구나
추위의 고통과 잎 없는
절망 속에서도 꽃이 피니
언제나 그 자리에 묵묵히
절도량을 지켜
가장 먼저 봄소식 전해주는구나
봄바람의 숨결을 온전히 몸과 마음으로 느낀다
봄소식에 부처님도 입술을 가만히 닫고 있어도
빙그레 웃으시니 복사꽃 같구나
조용하던 산사에 시끌벅적
중생들 꽃구경하러 오겠네
꽃잎 소리 듣고 활짝 웃는 봄소식
많이 많이 가져가 나누며 행복하소서

# 내가 도인이 되면

초록빛 잎
새로 단장하고
보라색 꽃봉오리
예쁘게 맺은 것 보니
봄이 산 중까지 왔구나
봄 향기 바람 따라
승려의 토굴까지
찾아와 다 비워 텅 빈
수행자의 가슴속 찾지 마라
이내 마음 중심 기울지 않는다
멀리멀리 도인들이 사는
화려한 사바세계 날아가렴
지금은 비록 작은 토굴에 수행하는
승려지만 작은 흙담 속
그늘에서 늙어갈 수 없다네
훗날 내가 도인이 되면 그때 만나
향기 나는 차 한잔하세

## 탑을 쌓는 도인

돌탑을 하나하나 빈틈없이
쌓는 것이 어찌 작은 일이랴
전생에 공을 많이 쌓은 분이신가
친한 벗 멀리하고 돌탑 하나하나
잡고 세상 번뇌 다 보내니
저 하늘의 구름도 오다가다 탑 전에
구경하고 쉬어도 갈만하겠네
돌 속에 옥은 볼 수 없어도
탑 쌓는 도인의 얼굴은 온갖 봄꽃처럼
얼굴이 환하게 보이니
천성의 길을 찾아 공과 득을
쌓는 도인일세
부디 성불하소서

## 시방세계

이 골 저 골
염불 소리 울려 퍼지고
봄이 되니 모든 생명
살아나는구나
세상 시름 안고
고뇌하던 매화는
고목이 되어 위풍당당 품격은 높지만
뜰앞을 떠날 수 없어
세상 잃은 나이에도
때가 되니 꽃을 피우는구나
나 또한 자성을 찾아
우연히 절집에 와 고목이 되어
덕을 쌓은 걸까
봄이 되니 너의 달콤한 향기로
부처님 법 전하니
온 산천 시방세계가
봄이로구나

## 그리운 고향 산천

나의 살던 고향은
어머니와 같이 살던 고향
뒷동산이 높다고 잔디 풀 위를
마구 굴러다니다
옷자락 다 찢어져 지면
아른거리는 호롱불 밑에 이곳저곳
듬성듬성 꽤 매어 입혀주시며
아이구 우리 새끼 예뻐라 하시며
빙그레 웃으시던 어머니
오늘은 어머니께서 제일 좋아하시던
계절 봄을 알리는 입춘입니다
출가수행자로 살다 보면
힘든 일이 왜 없으리오 입춘이 되면
봄눈 녹듯 다 녹을 것이다
힘들어하지 말아라
하시던 어머니 보고 싶어
한 필의 붓으로 고향 산천 어머니
붓끝으로 한 폭의 그림으로 그려봅니다
극락세계에도 봄은 오겠지요

## 절에 두고 간 화두

울력도 수행하는 마음이고
때로는 화두에 잠겨
쑥밭이 된 길을 걸어간다
이름 모를 꽃길도 걷는다
두 팔은 엉덩이에 올려 뒷짐을 지고
천근만근 화두의 무게만큼
무겁게 짊어지고 하염없이 걷다 보면
바위틈 새를 비집고 나온 제비꽃
수행자의 시선을 사로잡지만
그냥 지나 쳐 걸어가다 보면
그 꽃이 또 눈앞에 피어 같이 걸어간다
먼 산 위에 걸린 구름도 같이 걷다보면
화두는 절에 두고 빈 몸만 남아
다시 화두 찾아 절로
돌아오는구나

# 집착과 애착

연꽃의 청정함은
진흙 속에 피는데
욕망의 욕심 너무 커 잘 보이는
앞산 바위 깎아 꽃나무 심어놓고
꽃이 피길 기다리는데
선명한 뿌리
하얀 속살만 보이니
척박한 바위산만 탓하다가
집착과 애욕 속에
꽃만 보고 뿌리는 보지 못했구나
만물의 주인인 척 심어놓더니
다시는 볼 수 없는 흔적
거울 속 나를 보는 것 같구나
허 허 참 정신 차리게나
이 사람아

# 봄의 초입에 서서

추워 꽁꽁 목을 싸매고
딱 달라붙은 목
목수건 벗고 나니
봄이 온 것일까 아직
봄은 매화나무 가지 끝에 앉아
일렁이는 바람에
추웠다 더웠다
자꾸만 날아가려 한다
봄날 초입에 서서
이제나저제나 매화꽃 터질까
눈 비비고 귀 기울이며
남쪽에서 부는 따뜻한 봄바람은
풍경소리에 자장가로 베고 잠들어
밤새 봄비 오는 줄도 몰랐구나
산사의 매화나무 빗물 빌려
꽃봉오리 열리는 소리에 잠에서 깬
고목 나무 밑에 노승은
꽃향기에 취해
발그레 웃으며 넋을 놓고
앉아있구나

## 바람 소리

추위에 떨고 있는 계곡 절벽
부딪치는 바람 소리
떠돌던 바람도
심심하면 여기와
노는가
가끔은 쿵쿵 부딪치는
소리가 난다
바람아 오늘 또 심심하니
절벽에 낙석을 만드니
마음 갈고 닦아도 하심* 하여도
나는 너를 못 본 척하는 것이 아니라
아직은 중생심이라
너를 보지 못한단다
낙석으로 네가 다녀간 것을
이렇게 표시하니
이제는 네가 보이는구나
절벽 틈 사이 핀 연산홍
꽃잎이 살랑거리며
춤을 추니

오늘은 봄바람이 와 노니
네가 보이는구나



* 자기를 낮추고 남을 높이는 마음.

## 우연이라도

봄바람에 날려 온
달콤한 향기 코끝을 스치니
자꾸 꽃잎에 다가가
너를 귀찮게 하는구나
올해도 봄이 왔구나
지상 멀리서
꽃이 피면 봄이요
잎이 짙으면 여름이다
온 산천이 울긋불긋하면 가을이고
앞산이 하얀 눈꽃이 피면 겨울이다
봄의 위력이 대단하구나
우연이라도 좋으니
내 곁에서 느긋하게 좀 머물러
대중 스님들 기도 끝나면
인연의 봄바람 피어있는
꽃잎 도량에서
만남의 기쁨으로
차 한 잔의 담소 나눌 때까지
꽃향기 품어다오

## 이 봄을 마음껏


사람은 두 발이 땅에 닿았을 때가
가장 안전하다 느끼고
새는 높이 창공을 날아다닐 때
안전을 느끼는 것 같다
봄이 되니
봄꽃은 아름답게 화려하게 피어도
불안할 것이다
지나가는 이 마음에
사랑하는 님 주고 싶어
꺾여버릴 수 있으니 말이다
꽃은 부끄러워 고개 숙인 것이 아니라면
고개 들고 예쁘게 피어도 된단다
스님이 지켜줄게
그러나 꽃가루 향은 풍기지 마라
우리 법연 스님 알레르기 있어
재채기 눈물 콧물 흘린단다
봄꽃이 화려하고 예뻐도
가까이 못 하는 법연 스님
대신 내가 너를 지켜줄게
이 봄을 마음껏 즐기렴
나는 네 덕분에 탁한 마음 정화한단다

## 허허 참

깊어진 봄이 되니
바람도 제법 시원하구나
시원한 바람 가슴에 스쳐 가니
번뇌도 사라진다
마음자리 깊어서 바람이 불어도
일어남이 없는 것인지
아무 생각이 없는 것인지
허 허 참 오늘도 수행하는 승려는
마음 담기를 산 같이 굳게 지니라 했거늘
작은 바람에 산이 날아갈쏘냐
꽃바람 불어 꽃물 들지 말고
부디 깊은 샘에서 나오는
맑은 청정수 품어
마음속에 정화된 법계의
큰 인연의 성품과 합하면
밝은 광명의 빛으로 다시 태어나
내면의 마음 안 등불 밝히는
황혼이 되리라

## 초파일 준비하면서

솔바람에 실려 오는
오색 찬란한 봄꽃들
산이 꽃을 만든 것인지
꽃이 산을 만든 것인지
온천지가 꽃밭이다
돌부처처럼 입 꾹 다물고
다니던 수행자도 얼굴이
발그레 웃는다
뜨락에 온 봄꽃
한잎 두잎 떨어져
샛바람에 날린다
꽃잎이 떨어지면 잎이 트러나
잎이 트니 꽃이 지는 것인가
알 수는 없지만 사방이 모두 같은 모습
너만 꽃이 피고 새잎 만드느라
봄이 되니 무척 바쁘겠구나
우리 대중 스님들도
이때가 되면 부처님 오신 날 준비하느라
연등 꽃잎 만들어
오색의 등불 홍연화 등불 밝혀

하늘과 땅 여명으로 밝게 열어
자연이 준 꽃잎과 스님들이 만든
연등 하나 되어 불법의 진리
법계의 어둠을 밝히려 바쁜단다
올해도 부처님 오신 날
예쁜 꽃 많이 피었으면 한다

## 백천만겁

온 산천이 꽃밭의 계절
겨우내 잡고 있던 한 생각에
도량 앞 푸르고 푸른 소나무에
기대어 서성이다가
봄꽃이 물들어 코끝으로 느끼는
달콤한 향기 내 가슴으로 들어와
마음자리 중심에 앉아
한 생각 뒤로하고 아름다운 봄꽃 유혹에
도둑맞은 마음 또 어찌할거나
산은 높아야 푸르고
물은 낮아야 흐르는 것을
천하 만물이 스승인 것
평생을 걸쳐 수행 정진한 마음
봄꽃 향기에 백천 만겁 지난들
이 승려 마음 변치 않으리라
다시 한 생각 마음 중심에 두고
꽃밭을 걸어보니
참으로 아름다운 계절
법륜을 운반하는 수레인 것을

# 내 마음 어디에

한 손에 경전 잡고
다른 한 손 염주알 잡고 돌리며
높이 앉으신 부처님
눈 높여 바라보면서
일생을 다 바친 승려의
뜨거운 불심의 열정적
삶을 엮어가지만
누구를 위해서가 아니라
즉 나를 위해 내심을 감추고
숲속 산사에 숨어 마음자리 지켜보니
이 마음도 내 마음이 아니요
저 마음도 내 마음이 아니다
머나먼 서쪽에 떠 있는 낮달처럼
마음 한자리 못 앉아 있는 마음
작은 불상 앞에 두고 염불하며
불러본 마음의 화두 꺼내놓고 보니
부처 같은 마음이 여기 있었구나

## 민들레 홀씨 되어

어디선가 홀연히 날아와
산사의 뜰 앞에 핀 민들레꽃
노란색 송이송이 피더니
어느 날 하얀 흰색 털 머리에 고이 달고
한들한들거리더니
오늘은 너나 나나 민둥한
머리만 남기고 홀씨 되어
다 날아갔구나
그래 나도 너처럼
아름다울 때도 있었단다
그러나 다 부질없단다
흔적도 남기지 말고 사라지는
형상에 매이지 말라
홀씨 날아간 곳에
흐드러지게 필 거야
유와 무
눈으로 보이는 것이 전체이고
전체가 보이면 하나 같이 보이듯이
나는 자유로운 영혼을
방편으로 삼고 사는 수행자

지수 화풍으로 돌아가면 그곳에
평생 키운 마음꽃
흐드러지게 피어있겠지

# 우수
−봄의 절기 음력 1월21일


겨울의 마지막 문턱에서
서성이는 봄
우수는 봄의 빗물
봄을 재촉하는 봄비가
밤새 오시더니
얼어붙은 대지를 촉촉하게
녹여주는구나
이 승려도 얼어붙은 번뇌망상
슬슬 녹여 낙동강 물에 띄우고
만물의 기운이 대지 위로 올라
새싹이 돋는 봄기운 덕분에
이 승려도 오장육부의 기운을 채워
얼어붙은 번뇌망상 다 녹여
관음전 앞 계곡물에 띄워 보내야지

## 지혜의 씨앗

촉촉이 내리는 봄비
얼마만큼 대지를 적셨을까?
겨우내 땅속 숨어 있던 만물 소생
얼마나 대지 위로 올라와
중생들과 살고 싶었을까
온통 파릇파릇하게
봄비 오는 날
온몸으로 비를 맞아 본다
혹시 나도 작은 키 좀 크려나
내 안에 나만 볼 수 있는
소중한 씨앗 봄 향기 품은
비가 와도 스며들지 않는
큰 뜻을 굳게 다지며
조금씩 마음 중심 심은
지혜의 싹 일깨워
큰 뜻 이루는 날까지
정진하리다

# 주인 없는 빈산

높고 높은 산에 올라
걔 아무도 없소
이 산 주인 누구시오 하며
불러도 불러도 조용하다
주인 없는 빈 산 인줄 알았는데
구름 나그네 지나가다
머물러 주인 노릇 하는구나
높고 높은 곳에만 머무는 줄 알았건만
이 노승 길 잃을까
어둠 그늘 주며 높은 산 빨리
내려가라 재촉하는구나
높은 산 자연과 구름과 벗 삼아
도 닦으려 했더니
너무 늙어 빨리 내려가라
하는구나
그래 다음 생에는 젊디젊은 승려로
다시 높은 산에서 보자꾸나

## 지금도 수행 중이요

나는 아직 수행 중입니다
회색 먹물 옷 걸쳐 입고
속을 감춘 채 수행 중입니다
가만히 앉아 있어도 몸 추슬러
걸어 다녀도 수행 중입니다
이따금 먹은 것 소화되지 않아
옷 찢어지는 소리를 내며 걸어도 수행 중입니다
저녁이 되면 이 수행자 놓칠까 감시하던
새들도 둥지 속으로 갔으니
요사채 따뜻한 불빛
나를 부릅니다
빨리 들어가 그대로 누워
명상에 잠겨도 수행 중입니다
찰나의 순간 수행은 끝이나
피안의 세계에서
또 수행하렵니다

# 마음농사

산은 높고
골은 깊어
인적 드문 산사와
자연이 숨 쉬는 숲속
햇볕과 빗물이
살찌운 산나물은
맛있게 보글보글 된장 끓여
산나물 한 바구니
올려놓고
소박한 밥상이라
생각하니 아직도 중생심 버리지 못하여
마음농사 다 갈무리 못 해
부처님 법 깨닫지 못하여
진수성찬 못 된 것이
아쉽구나

## 살아온 습관

지나온 수많은 나날
다시 찾으려
되돌아가는 중생
궁색한 살림 또 하려나
수많은 향 연기 사라지고
여기까지 왔건만
법 등은 등 뒤에 두고
더듬으며 다시 온 길
습이 되어 다시 찾아
가는구나
너무 멀어 못 찾으면
향은 사라져도
향내 짙은 법당
다시 돌아와 향 올리소서
인생지사 새옹지마인 것을

# 마음공부

저 강을 건너면
산을 만나고
산은 우뚝 서
힘껏 또 부딪쳐 올라 본다
산 정상에 서서 저 발밑을 보니
또 강이 산허리를 감고 있구나
내생에 산은 산이요
물은 물인 것을
마음공부 강물 위에 띄워보고
산에 올라 날려 보고
육신은 내 마음대로 할 수 있어도
네 안에 든 마음 가두기는
참 힘들구나
내 몸 안에 오장육부가 없어야
번뇌 망상 집착 모두 사라지려나

## 봄날 아침

이슬이 자욱한 아침
눈이 침침한 것인지
앞이 뿌옇게 끼여
앞산의 복사꽃 아른거린다
아직은 이른 봄이라
제법 쌀쌀한 아침
서리 온 것처럼 더 차게 느껴진다
어제 본 복사꽃 밝고 예쁘기만 하더니
오늘은 희미하니 안경 벗은 내 눈과 같구나
저 태양이 머리 위에 뜨면
시방의 두루 보이는 봄의 이슬 물
깨끗이 씻어 보여줄 내 눈이여
대지를 고요히 녹이는
봄 이슬에 복사 꽃피어
봄물 길러 와 뿌려주니
해가 뜨면 만발한 앞산
진여의 꽃밭이 되겠구나

## 진달래 향기

산사의 주변 골짜기마다
삼월의 봄이 시작되니
온 산이 어느새 울긋불긋
서로 내민 꽃잎에 취한 승려는
묵혀 논 붓을 잡아본다
봄기운 가득히 손에 담고
떨리는 붓끝으로
진달래 꽃잎을 그려본다
봄 향기 취한 손 바로잡아
흰 백지 위에 그리니
연분홍 꽃이 활짝 피는구나
향이 없어 벌 나비 없어도
이 산사 주지는 흐뭇하게 웃으며
봄 향기 흠향하며
음, 봄이 코앞에 와 있구나

# 계절이 주는 멋

산사와 어우러진
자연의 향 머금은
절집 대중 스님들
새로운 진리를 깨닫듯
봄에는 꽃이 만발하고
여름은 녹음이 짙고
가을은 온통 붉은 빛으로 산사를 밝힌다
겨울은 장독대 항아리 뚜껑 위 하얗게 앉은
눈이 떡시루에 흰 백설기 찌듯이
오후가 되면 김이 모락모락
나는 것처럼 풍성하다
안 먹어도 배부른 사계절의
자연이 숨 쉬는 절집이다

# 자연이 준 성불

산사와 어우러진 자연의 향기
이 승려의 가슴 깊이 담아본다
새로운 진리를 탄생하듯
계절마다 바뀌는 자연의 변화
피부로 느끼며 코끝으로 맡는
그때그때 자연의 속살처럼
부드러운 계절의 향기 품은 산사
숨을 쉴 때마다
향기로 속을 채우며
마음속 번뇌망상 비우고
비워지면 또 채우고
감춰진 아상(我相)*까지 비워
자연이 준 반야의 지혜 도량 덕분에
이 승려 성불하겠습니다

* 사상(四相)의 하나. 오온(五蘊)이 화합하여 생긴 몸과 마음에 참다운 '나'가 있다고 집착하는 일.

# 묵향

산중 산사 도림사
청정 자연을 골고루
만날 수 있는 곳이다
발아래 펼쳐지는 주변 풍경은
그야말로 대자연이 준
아름다운 경치를 놓칠 수 없어
한 필의 붓으로 그려본다
먹물이 다 마르기도 전에
한 폭의 산수화가
진한 묵향을 머금고
펼쳐진다
위대한 자연 앞에
지그시 눈을 뜨고
합장하며 기도 올립니다

## 마음의 등불

오고 가는 날 그리 많은데
석벽에 둘러싸여
저 하늘을 나는 새들의 벗을 삼고
흘러가는 구름 보며 나는 누구인가
수많은 암릉과 기암 사이로
흘러가는 약수 조화를 이루어
봄이면 벚꽃이 장관을 이루는데
한 번만이라도 활짝 핀 벚꽃
달콤한 향기 품으며
즐길 만도 한데
불문에 기이한 승려 한 생각이
처음부터 열반하는 날까지
일관되게 정진하여 시방 삼세
제불보살님께
작은 마음의 등불 밝혀 놓고
흐르는 약수에 묵향 뿌려
불법의 꽃을 그리며
오늘도 일념 삼매에 들어 봅니다

# 소리와 향기

누가 심었을까
숲에는 온갖 나무가 자라는 생명들의 세계와
온갖 풀꽃들이 피는 산사는 자연으로 가는 중심에서
꽃과 돌과 바람과 자연이 지나간 흔적들이다
고요한 숲속에 이르면 나는 나무가 되고
나무는 내가 되니 사부대중이 함께하는 명상이 따로 없구나
고운 빛 나무 사이로 내려와 이름 모를 꽃 한 송이 피워놓고
꽃바람 흔들려 향긋한 냄새는 자연과 하나가 되니
혼탁한 마음이 절로 비워지는구나
귀를 기울이니 자연의 소리 들리고
눈을 뜨니 자연 속에서 진여의 밝은 광명이 빛으로 내려와
꽃을 피우고 아름다운 꽃 사라지니 열매를 맺게 하는구나
천하 만물의 생사가 둘이 아니란 것을
오늘 또 크게 깨달았습니다
산사로 돌아와 향 하나 사루어
우주 대천세계의 스승이신 부처님께 귀의합니다

# 어리석은 중생

고요한 아침 눈앞에 아지랑이 어른거리듯
이 몸뚱이 하나 지키기 위해 먹고 입고 잠자고 하면서
조금이라도 힘들게 움직이면 보상이라도 해야 하는 것처럼
기왕이면 좋은 음식 맛난 음식을 찾는 어리석은 중생이다
어리석은 내 몸뚱이에서 나오는 망상, 과거와 현재 지금도
번뇌 속에 자리한 망상의 씨앗을 자꾸만 뿌린다
이제는 그저 물 같이 바람같이 살다 갈 노승이
아직 버리지 못하고 가부좌하고 앉고 있는 모습 보시고
빙그레 웃으시며 진여의 등불 밝혀 주시니
본심은 어디 가고 텅 빈 몸뚱이만 보이는구나
지금이라도 다시 한번 가다듬고 큰 숨 한번 몰아쉬며
몸과 마음이 적멸한 본 마음자리에 들어
닦지 않고 끊지 않으면 공에 떨어진다는 것을 알면서
부끄러운 승려, 이제껏 상에만 집착하고 살아왔구나
눈을 비비고 다시 보니 피안으로 가는 길
넘치는 자비로 인도하신 것을
이제야 마음의 눈을 뜨고 보니 위대한 진리의 깨달음을
무엇에다 비교하며 어떤 보상을 바랄 것인가
부처님의 밝고 자비한 미소 보며 겹겹으로 쌓인
번뇌망상 하나가 되어 일념으로 계율을 지키니

그 어떤 보상보다 큰 보리심 일으킨 내 마음 깊은 곳에
반야의 심경이 가득하니 이제야 내 마음의 주인을 찾았구나
어리석은 승려, 다가오는 앞날에는 부처님 자비 광명이 가득하길

## 청정도량

절 입구 석탑을 밝히는 법등 밝히니
수백 개의 탑이 천하의 으뜸 부처님 도량이다
천 년 지켜온 이 탑전 비추는 지혜의 등불 켜
오염됨이 없어 맑고 투명한 영원한 부처님 진리 전한다
자연과 함께하는 주위 경치는 역사가 살아 숨 쉬는 곳이다
가지런히 서로 줄을 맞추어
끝없는 부처님 진리를 전한다
뒷산은 높고 골이 깊어
청정수 맑은 물이 옥수처럼
물안개를 뿌려 탑 전을
감싸 안은 청정도량\*이다

- \*『천수경』'도량청정무하예(道場淸淨無瑕)'의 준말. 도량이 청정하여 더러움이 없다는 뜻.

## 수행길

멀고 먼 수행길
도반 되어 같이 가자고
약속한 것이 번개처럼 지나갔습니다
험하고 높은 산이었어도
마음의 상처로 울부짖을 때는
내 손 놓지 않고 꼭 잡고 여기까지
왔습니다
물 흐르듯 흘러가며 살아온 세월!
무더운 여름 바람 한 점 없는 날도
도반은 마음을 열어
시원한 냉수 한 잔 같이 마시며
불타는 뜨거운 여름날을
얼려봅니다
입안에 녹아내리는 시원한 여름
도반이 있어 행복합니다
올여름도 스님이 곁에 있어 시원합니다
우리 같이 계절의 순리를 마음껏 누리며
같이 또 살아갑시다

## 대자연 앞에서

여름에 장마라도 질 양이면
제법 맹렬한 기세로 산에서부터
내려온 물이 급류를 이루어
큰 폭포를 만든다
대자연 앞에서 꼼짝도 못 하고
발이 묶인 지 꽤 오랜 세월
눈으로는 아름다움을 보고
귀로는 자연의 소리를 듣고
코로는 상큼한 자연의 향기를 냄새 맡고
입속의 혀는 자연식을 맛보고
몸으로 느끼고 생각으로 느끼고
살아온 긴 세월에 남는 것은
근에서 진을 찾아 관음전 문지기로
아직도 법을 찾아 오늘도 법당 문을 닫습니다

## 길을 묻고 있다

꼬불꼬불 오르막길을
올라가려 하니
허리띠를 매고 스스로
길을 열어주고
오솔길 따라 계곡물이
굽이치고 흘러내려
물에 얼굴 한번 씻고
아픈 다리 제쳐두고 팔만 돌리며
걷기가 힘겨워 앉을 자리에
몸과 마음을 담은 나뭇잎에
나도 작은 사공이 되어있다
잠시 가는 길을 잃었다
순리에 맞게 쉬고
있다고 생각했지만
아직 갈 길 찾지 못하고
길고 좁은 오솔길의 저 끝자락에
내가 원하는 것은 보이지 않고
해탈 열반의 길
언제 가려나

# 오색단청

사철 오색 꽃으로
덮인 담장을 지나며
잔잔한 염불 소리가 들린다
수각의 물과 꽃과
법당의 아름다운 오색단청의 그림이
원색으로 그려져 있는 것이
박물관의 미술품 같다
법당의 벽화는
불 구름이 휘몰아쳐도
여여히 자비로운 부처님 일생을
그림 이야기로 전한다
오직 나만 알고 있는 것일까?
이 행복한 수행처를
한 점의 부끄러움 없이
정진하리라

## 눈물 한 방울

높은 산 중턱에 자리 잡은
고요한 사찰!
상큼한 햇빛 머금어 반짝이며
금빛 찬란한 단청이 아름답다
깊은 산 속에
어찌 이리 아름답고 웅장할까
억겁을 뛰어넘는 것 같다
힘들여 올라와
희망의 햇빛을 보며
고개를 숙이고 침묵해 본다
삶의 한 자락에
가슴 깊이 눈물만 뚝뚝 떨어진다
맑은 눈물 한 방울
때에 찌든 내 일상
씻어낸다

## 탐욕의 빈 발우


빈 발우를 물에 적셔가며
버리고 버려도
탐욕은 버리지 못하는구나
단칼에 베어
발우에 담아 밥상 차려
하루살이로 사는구나
오늘은
백만 개의 부처님 법문 향해
마음 따라 움직이는 중생!
온전한 승려로
살아갈 수 있을까?
흐르는 물에 몸과 마음을 씻으며
오늘도 번뇌망상 흘려보낸다

# 쉼[休]

낮에 일 많다고 투덜대지 말자
이내 밤이 오니까
밤이 되면 시원한 바람이
산사로 불어올 테니
낮에 덥다고 투덜대지 말자
살며시 떠오르는 태양만 한 보름달도
웃음 짓는단다
이미 힘없는 노승이 되었으니
이내 쉬엄쉬엄 쉴 때가 올 테니
그때가 오면 혼자서
비가 오나 눈이 오나 바람이 부나
마음 다독이며 정진한다
깨달음 향하여 투덜대지 말고 놀지 말자
때가 되면 푹 쉴 것을…

# 빈 둥지

돌담 속 둥지에 새들의 가족
총총 날아들어
제 새끼 먹이 물어다 주느라 너무나 바쁘더니
어느 날 다시 보니 빈 둥지만 남아 있다
그렇게 짹짹거리며 울어대더니
새 소리는 계곡 속으로 빠져들었다
서로의 화음을 삼아 노래하더니
새소리는 골짜기 나무 위로 올라가 버렸다
절집의 고요를 더욱 고요하게 하니
낮에는 새들이 숲에 와 잠자고
밤이면 빈 둥지에 찾아드네
나무는 새에게 절을 하고
새들의 나무에 절을 하네
도림사 스님 목탁 염불 소리에
빈 둥지도 비워지지 않고
채워도 채워지지 않는
없는 듯이 있고
있는 듯이 없으니
빈 둥지가 비워질까

# 無의 세계

무에서 유를 창조하는
무의 세계에서
매일 매일 유의 세계를
꿈꾸며 살고 있었다
스님들이 오손도손 이야기꽃을 피우며
유의 세계를 꿈꾸며
찬란한 하루를 떠올리며
진실 하나 꿈의 세계로
달려가고 싶었다
아름다운 굴레에서
고요히 무상과 무아로
통찰력 있게 영원히
변함없는 수행 정진
할 수 있는 힘이 되었으면 하고
삼보전에 향하나 사루어 기도드립니다
수행자의 절집 세계에서 반야의 지혜 길을
달려가렵니다

# 염주 알



첩첩 산 병풍산에 서면
대웅전 앞뜰 이름도 없는 풀꽃
몇 송이가 바람에 흔들리네
방울방울 물방울이
거미줄에 매달린 물방울 따다가
한 방울 두 방울 꿰어서
염주 방울 만들어
부처님 목에 걸어드리면
발걸음 뗄 때마다
부처님 목소리가
온 세상을 밝히겠지
내 마음도 부처님처럼 깨끗해지는
진주 같은 물방울 염주
부처의 큰 말씀을 염주 알처럼
꿰어 담고 싶다

# 운무

이른 아침 숲속을 거니는 것처럼
신선한 아침 이슬처럼 밀려오는 운무는
온 도량을 하얀 구름으로 감싸 안는다
꼭 신선이 된 것처럼 벅차오른다
이 순간만큼은 신선이 되어있다
누구도 신선의 실체를 본 이도 없지만
그래도 나는 신선을 본 듯
구름이 손에 잡힐 것 같아
팔을 벌려 안으려 하지만
순식간에 저만치 도망쳐
앞산에 걸려 있구나

## 아침 햇살

어제도 태양이 방문 틈 사이로 들어와
무슨 할 말이 있는 것처럼 머물더니
아무 말 하지 않고 그냥 가버린다
오늘 또 찾아와
수행자의 마음을 넘어다본다
무슨 사연일까
궁금해 방문을 열어보니
한달음에 달려온 가을 꽃잎이
방문 앞까지 와서 활짝 피었구나
내 마음에 이렇게 작은 빛도 잊어버린 채
좌선한답시고 앉아 너를 잊었구나
너의 반짝이는 빛이
눈부시게 아름다워
어두운 내 마음을 밝히는구나

## 부처님 향기 따라

햇살이 부서져
도량에 뿌리는 오후
바람 따라 풋풋한
청보리 익는 냄새
맑고 푸르른 유월의 바람은
싱싱한 과일처럼
향기가 나는 계절이다
바람이 불어도 비가 오는 날도
도량의 담장에 핀 빨간 장미
너울너울 춤을 추며
짙은 향기 품는다
흘러내리는 계곡물 위
반짝이는 햇살이 눈 부셔
가린 손으로
햇살을 만져본다
지금 이 순간
다시 오지 않을 시간
한꺼번에 다 하려 하지 말고
부처님 향기 따라
수행법도 다르니 공부하기
좋은 계절입니다

## 서로 나누는 계절

나팔꽃 피는 계절
봉숭아 피는 계절
부지런한 나팔꽃은
아침부터 피어
행복을 주는 꽃
오후면 지고 마는 꽃
부지런해야 보는 꽃이랍니다
먹지 않아도 배부른 계절
넉넉한 살림이 아니라도
우물가 봉숭아도 아름답게
피듯이 서로 손톱에
예쁜 물 들이는 계절
하늘 문 열고 빗물에 싹 틔워
붉은 꽃이 피듯이
더불어 자연의 한 조각이라도
서로 나누는 계절
넉넉히 흐르는 물처럼
흐르는 데로…

# 나는 누가 선택한 삶인가

산이 선택한 삶
자연이 선택한 삶
땅이 선택한 삶
하늘이 선택한 삶
부처님이 선택한 삶
나는 얼마나 허허롭게 살아왔는가
햇볕도 나누고
빗물도 나누고
그저 자연의 삶에 처해있어도
얽매이지 않고
승려 노릇 그저 하는구나

## 여름 장맛비 오는 밤

빗소리 요란하여 잠을 청하려
애써 누워봐도
잠은 오지 않고
하늘은 온통 붉은 빛으로
어둠을 밝히려 번쩍번쩍
우르르 쾅쾅
빗소리 쪽으로 머리를 두고
누워 기도한다
아— 부처님이시여 무사히
조용하게 비 님 다녀가게 하소서
이 승려 잠만 잘까 봐
이 밤에도 깨어 있으라 하십니까
이 소승 내일 할 일 많소이다
잠 좀 자게 해 주소서
비에 젖어 울고 있을 아기 새
생각하며 이 망상 저 망상
하며 잠을 청해 본다
내일은 부디 맑은 날 되소서

## 잠시라도 괜찮아

괜찮아 미운 마음 맑게 할 수 있어
척박한 담장 밑에 피어있는
이름 모를 노랑꽃도 피었잖아
그냥 매일 채우면서 비우면서
완성하는 것이 중생들의 삶이야
그 삶의 희로애락 속에 잠시라도 여유를 찾아
여행하며 자연과 교감도 하면서
자신만의 누릴 수 있는 시간
가져보는 것도 괜찮아
나를 찾아 여행하는 길
솔바람 소리 새소리
자연의 소리 들리면
절이 있을 거야
조용한 산사에서
스님과 차 한 잔 나누며
무거운 짐 내려놓고
가벼운 여유를 채우고 가렴

## 인연이 다하면

햇살에 반짝이는 물방울
머금은 연꽃
저 산 위에서 불어오는 바람은
계절을 잃어버리게 한다
하루를 꽃 피우기 위해
유난히 마음이 맑아 피는 것처럼
백연(百緣)*의 햇빛 속에 고운 속살을 보이며
수줍어하는 것처럼 맑고 고운 연꽃
향기 풍기지만
인연이 다하면 부질없는 것
슬프다 말고 그대로의 면목 반짝이는
큰 잎 활짝 펴 연못 위에 덮어 보려무나

* 백 가지에 이르는 여러 가지 인연을 뜻함.

## 진여의 등불

이른 새벽 촛불 하나로
어둠을 밝혀 법당에 앉아
화두에 잠긴다
생각과 번뇌는 하염없이
마음자리 중심에 천만 가지 망상
어둠을 머리 위에 두고
화두를 토해낼 듯
고개를 떨구고 살포시
엉덩이를 움직여 보며
마음자리 으스러지게
움츠려도 본다
검은 머리 줄어 흰 서리 덮어쓰고
어제도 오늘도 온통 한 생각뿐
화두는 눈이 없어 볼 수 없고
화두는 귀가 없어 듣지 못해도
이 미련한 승려 마음속에
진여의 등불 밝혀주니
화두가 또렷이 보이는구나

# 나는 나답게

산사에서 수행자의 마음자리
행을 통해서 자기 자신을 알듯이
나를 나답게
승려는 승려답게
참선과 명상 수행의 길이 다르듯이
참선은 화두를 들고 나를 보는 것이고
명상은 자기를 오롯이 찾아 지켜보는 것
차이는 다르지만
무지에서 벗으나 깨어있는 승려의 삶
나는 분명 승가에 귀의하여
승가의 공동체 나를 보는 눈
승가의 눈으로 보는 나, 나는 누구일까
지금부터 나는 나답게 탄공 스님으로
아낌 없이 미련 없이 후회 없이
수행자로 정진하며 살련다

## 마음에도 없는 말

입조심 말조심하자
정구업 진언
님이 옆에 있으면
평생의 한이 되는 말 님에게 하지 말자
무심코 한 말이 님의 가슴 아프게 한다
나의 입 열기 전에 한 번만 생각해 보고
나의 마음에 화가 차 있을 때는
마음에도 없는 말 하려거든
입 열지 말자
생각 없는 말 흔적 없는 농담이라도
늘 불자라면 두 손 모아 합장하며 내 마음속
내려다보고 나의 잔잔한 마음의 쉼터가
되었으면 그때 입 열어 말하자
님의 가슴에 한 번 맺힌 언어들 아픔으로
삭히면서 살기에는 힘든 기억들 만들지 말고
나와 님은 다른 생활인데 어찌 님의 마음 알리요
지금부터 조심스럽게 따뜻한 말 하며 살아보소
작은 것에도 행복을 느낀다오
가까이에 님과 도반이 있어야
살아가는 것이 행복하다오

## 산사에 오면

어떤 사람은 절에 오면
참 아름답다 하고
어떤 사람은 절에 오면
절집 주변만 빙빙 돌며
무엇인가 찾는 것 같다
바람 줄 당기는 풍경소리
계곡 물소리와 화음 맞추어
염불 소리 목탁 소리
산사의 작은 공간 자연을 초월하며
과거도 현재도 오직 부처님 세상에서
아무것도 찾지 마소서
이미 찾아서 마음 한자리 잡고
여여한 마음이 되었으니
부처님 마음입니다
아무리 찾아도 보이는 것은
허상뿐입니다
나의 마음 안에 부처님 기운 담아
따뜻하고 행복한 마음으로
든든하게 담고 가소서

## 수행자의 길

수행자도 늙고 병들고 죽는 것 또한
받아 들어야 하는 화두이다
고통과 집착 모두
수행자의 길에
납자(衲子)*들의 이야기가 남아있고
옛 고승들의 발자취에는
그 뒤 후학들의 발자취가 더해져
선지식인이 되어
역사의 한 구절로 남는다
수행자의 길을 걷다 보면
낮은 산도 높은 산도
고개 넘듯 넘어 오로지 한곳 만 보며
살다 보니 아픔도 슬픔도 다
사라진 노승
오늘도 이 승려 옛 고승
선지식인의 발자취를 더듬는 수행자로
본래의 마음자리 찾아 걷습니다

* 납의(衲衣)를 입고 돌아다니는 승려. 특히 선승(禪僧).

# 허공에 쓴 시

지금 당장 하고 싶은 것이 있다면
저 높은 허공에
손짓 발짓 섞어가며
담아본다
지금 주어진 시간을
한 편의 시를 써버리고
또 시를 써서 담고
무성한 날 허공으로
백지 한 칸의 마음 열어
눈으로 본 이 시간이 준 자연은
소중한 장면을
담아 붓끝에 실어
시 한 편으로 남기고 싶다

## 일체제법

바람결에 실려 오는 풍경소리
피안의 세계로 가는 소리
자연과 조화된 대웅전
많은 돌탑도 부처님 보좌
화려한 꽃살 무늬의
큰 법당 문을 여니
주인이 빙그레 웃으신다
삼라만상 모두 다
법당주인의 보좌이구나
걸림 없이 살려고
승려가 되었건만
부처님 보좌하느라
오늘도 이 승려
일체제법이로다

## 사박 걸음 소리


떨어지는 낙엽에
조용한 산사에서 포행하던 걸음
사박거리는 소리로 다가와
내 곁을 다 차지해 버렸다
오색으로 가을을 만들어
나뭇가지 위에 빨간 폼 노란 폼 다잡아 걸어놓고
이 승려 눈을 유혹하더니
산사의 도량을 돌고 돌던 산바람이
가을 내음 곱게 풍기며 지나가는 바람결에
부질없이 날려가는구나
아름다운 낙엽도 찬 서리에 무너지고
아— 허공 높이 날던 새도 지상으로 내려와
먹이 찾는 것 보니 가을 추수 끝난 들판에 앉아
초겨울 하얀 뭇 서리를 녹이며 즐기는 것 같구나

## 오색구름

이 산사에서 앞산은 말이 없이
형형색색 변해가고
소리 없이 가을 풍경으로 알려 주는구나
젊은 몸 자랑하듯 푸른빛이 온통 큰 산을 감아
어디부터 산인지 관음하기 어렵더니
가을 하늘 지나가는 오색 구름을 만났는가
앞산은 말없이 가을빛으로 물들여 진여의 연등불로
붉게 물들여 자연의 법으로 진여의 이치를 깨우쳐 주니
산사에서 우뚝 선 앞산이
말없이 자연으로 해탈의 이치를 알려 주는구나
산사에서 유와 무의 이치를 깨닫고
묵묵히 서 있는 앞산이 혀 없이 말을 하니
귀로 듣지 않아도 이 승려의 마음자리 화두 중심에서
눈에 보이는 시방 삼세 모두가 부처로구나

# 황금 들녘

가을 들녘 오곡은 풍성함이 더 바랄 것 없이
황금 들녘으로 넘쳐흐르고
바람 한 점 불어오니 파도치는 것처럼
황금빛이 일렁이는구나
농부들의 발걸음 소리 들으며 영글었을 것이다
고맙다고 고개 숙여 인사한다
농부들의 발걸음 걸음마다 자욱이
금물이 고여 황금색이 되니 농부의 얼굴은
구릿빛으로 빙그레 웃는 모습이 부처입니다
황금빛 들녘에 이 논 저 논 발걸음이 바쁘다
이 가을 듬뿍 건네준 농부들에게 감사기도 드립니다
산들바람 잔물결에 뜨거운 땀 말리며
성급히 떨어지는 날씨에 마음이 바빠
벼 한 아름씩 베어 논둑에 걸쳐 말려놓고
동절기 준비로 또 바쁘시겠구나
이 모두가 살신성인 몸으로 만든 황금 들녘을 이루고자
일상의 걸음걸음 힘든 결실 위로와 격려와 찬사를 보냅니다
부처님 전에 올린 공양미 한 톨도 귀히 여기며
참다운 공양 공덕 가득하시길
향 하나 사루어 부처님께 농부님께 기도드립니다

## 금강의 마음

대중 스님들의 염불 소리 산사에 울려 퍼지고
천상의 오색 가을하늘 가득하다
자연에서 자연으로 사람과 동물이 공존하여
아름다운 산사를 만드니 둘이 아닌 하나가 되어
새로운 세계인 진여의 법계가 따로 없구나
멀리서 잔잔히 들리는 대중 스님들의 염불 소리
두 귀를 맡기니 세상 근심 다 잠재우신다
또 하나의 아름다운 산사가 펼쳐진다
구름과 산이 맞닿은 산중의 산사
새로운 또 하나의 아름다운 경치가
마치 물감을 뿌려 놓은 한 폭의 수채화를 보는 것처럼
가을이 온 산천을 물들이는 산사 더욱더 아름다워 산 아래
사바세계 궁금할 것 하나 없이 가부좌 틀고 눈을 감고
앉으니 한줄기 잔잔한 가을바람 솔솔 불어
대웅전 추녀 끝에 풍경소리 맑고 청명하게 들리니
이 아름다운 진여의 계절 다 지나가기 전에 참된 법 깨달아
해탈이라도 한 것처럼 절로 선정에 들어
삼라만상 천지 만물 오늘의 주인공이 되어서
반야의 지혜 증득하여 해탈의 열반까지 수행자로서
크나큰 자연의 보배 내 안에 가득 담고

금강의 마음이 되길 원하옵니다
걸림 없는 승려로 지금 여기에서 그대로 머물러도
새새 생생 부처님 바른 법 깨닫는 수행자로
삶의 지혜를 일깨워 견성(見性)*을 지킬 줄 아는
승려로서 온 법계를 이루게 하소서

---

* 모든 망혹(妄惑)을 버리고 자기 본연의 천성을 깨달음. 중생의 마음속에 감추어져 있는 부처가 될 수 있는 본성을 불성(佛性)이라고 한다. 따라서 마음을 잘 닦아서 미혹(迷惑)에서 깨어나면 곧 부처가 됨을 가르치고 있다. 수행자들이 참선을 하게 되면 '산은 산이 아니오, 물은 물이 아닌' 경지에 이르렀다가 다시 '산은 산이고 물은 물인' 경지에 이르게 되는데, 이를 견성의 경지라고 보고 있다.

## 당신이 부처입니다

오고 가는 수많은 불자님
절절히 부처님께 절하고
밝은 얼굴 환한 모습으로
물 한 잔 나누는 종무소!
늘– 부처님 전에
보람되고 뜻깊게 해달라고
땀 흘려 절하는
당신이 부처입니다
소중하고 소중한
당신이 부처입니다
성불하소서!

# 가을비

초가을 단풍잎에

밤새 비가 내린다

비가 오지 않았다면

단풍잎은 꼼짝 않고 매달려 있을 텐데

말없이 보슬보슬 내리는 비에

너의 붉은 나뭇잎은

이미 흠뻑 젖은 맨몸으로

가을을 알리며 떨어지는구나

붉게 물든 빗방울이 떨어지며

여름의 마지막을 알리는구나!

# 가을이 오는구나

대웅전 꼭대기 용마름에
흰 구름 걸쳐 있는 것 보니
가을이 온 것인가
하늘은 온통 파란색 물감을 탄 듯
높고 푸르기만 한데
용마루에 걸친 저 흰 구름은
용이 되어 승천할 것 같다
오늘따라 하늘이 저렇게 높고 맑다
깊은 바다 넓은 수평선 위에
걸쳐 놓은 흰 구름은 둥실둥실 춤을 추며
살짝 내 곁에 다가와 속삭인다
서늘한 바람 실어와
나의 코끝을 살짝 스치며
가을을 알리고 말없이
소리 없이 사라진다

# 작은 촛불

도량에 나와 우두커니 바라보니
모두가 먹물에 잠겨져 있다
검은 구름이 물결쳐
사방을 휘감아도
법당문 사이로
작은 빛이 보인다
오직 나만 이 밤에
깨어 있는 줄 알았다
법당 저편에
좌선하는 스님이
앉아 기도하는 모습은
한 점의 작은 빛으로 보이는구나
희미하게 보이는 스님의 뒷모습
마치 순결한 은빛으로
내 눈이 부셨다

## 지나온 세월

삶이 고달플 때
님을 그립니다
깊어가는 세월 속에
님을 그립니다
미안함과 그리움은 다 버리고
님을 그립니다
모래알처럼 많은 괴로움도
님을 만나기 위해
멀리 멀리 왔습니다
흐트러진 마음 채찍질을 받으러
오늘도 법당문을 엽니다
님에게 보여줄
걸망 속 깨달음이 초라해질까 봐
오늘은 잠시 넣어두고
지나온 세월
뒤돌아보려 합니다

# 인생

그대 품속에
나를 품어 주세요
그대 눈빛은 가장 온화하고 자비롭습니다
그대 눈 속에 파묻혀 살고 싶어
부모 형제 다 가슴에 묻어 두고
그대의 품속에서 아늑한 밤과
천상의 복락을 누리며
참다운 그대의 아름다운 눈빛 속에
살고 있습니다
짧은 찰나의 힘든 순간에도
그대의 미소를 떠올리며
그대의 눈 속에서 내 인생 끝난다 해도
겸허히 받아 가슴에 묻으며
그대의 내려앉은 그윽한 자비로운
눈빛 속에 조용히 묻으려 합니다

## 구름에 달 가듯이

마음의 씨앗을 절집에 두고
흔들리지 않고 굴하지 않는 마음이
어디 있을까마는
순수하고 진실한 영혼으로 남고 싶어
깨달음을 구하고자
오늘도 법당에 앉습니다
나 자신이 가진 최상의 것을
모두 그대에게 바치면
돌아와서 최상의 것이 나에게도 오겠지요
이 세상 그 어떤 아름다운 꽃이
옆에 있어도 그대 법문만 하리요
인내하며 수행하려 합니다
눈물 없이 어찌 가는 삶이 있으리오
구름에 달 가듯이 가는 세월 끝내고
삶과 죽음도 다 던져버려야 할 것을…

## 오늘 하루

강산이 또 변하는구나
산과 들이 물들고 바뀌는 가을이구나
세월이 흘러 기억이 희미해도
저 강산이 변해 모든 것이 뒤바뀌어도
우리 스님들 인연은 소중히 간직하려 한다
처음 약속 지키며
한결같은 마음
서로서로 흔들림 없이
한 줌의 재가 될 때까지
이 자리에 대중 스님들과 여기서
서로 더불어 수행 정진하며 웃음꽃 피우며
여여하게 살아가려 한다

## 어찌 혼자 가실꼬
―장례식장을 다녀오며

꽃이 아무리 곱다 한들
권세가 아무리 좋다 한들
언젠가는 고인으로 돌아가는 것
삶의 무게를 지탱하며 발버둥 쳐도
죽음 앞에는 아무것도 없다
초상집 영단 앞 잘 차려진 제사상도
다 부질없는 것 같다
홀로 가는 영가님은 얼마나 외로울까
살아생전 죽음 전까지 수없이 만났던
사람들 그중에 같이 살아온 가족을 두고
어찌 혼자 가실꼬
끊어진 생명은 이어가지 못하고
그저 혼자 가야 하는 것을
이승에서 뿌려놓은 인연들
망인이 되기 전에 잘 거두고 사랑하며
살아야겠네
아! 나는 얼마나 남았을까
내 생이

## 탐(貪) 진(瞋) 치(癡)·

절에 오면 스님이 계시고 부처님이 계신다
환한 미소로 곱게 단장한 약사여래 부처님도 계신다
우리 절은 참 아름답다
이곳에 들면 세상은 이미 평안함과 행복이
나의 가슴에 흠뻑 스며든다
세상사 힘들어서 찾아들면
상처받은 마음을 치유할 수 있는 공간이기도 하다
도량의 향내음 맡으며 나무 꽃 새소리 물소리와 대화를
주고받으면 어느새 나는 정갈한 마음으로
헛된 탐(貪) 진(瞋) 치(癡)를 버리고
해맑은 마음과 생동감 넘치는
푸른 창공으로 높이 높이 날아 외쳐본다
나는 행복해야 한다고

• 욕심·성냄·어리석음. 오욕 경계에서 지나치게 욕심을 내고, 마음에 맞지 않는 경계에 부딪쳐 미워하고 화내며, 사리(事理)를 바르게 판단하지 못하는 어리석음. 탐욕심(貪欲心)·진에심(瞋恚心)·우치심(愚癡心)을 말한다. 이러한 마음은 지혜를 어둡게 하고 악의 근원이 됨으로 삼독심이라고도 한다.

# 우리 스님들

내가 우리 스님들을
얼마나 좋아하는지
우리 스님들은 몰라도 된다
우리 스님들을 좋아하는 마음은
오로지 나의 것이니까
나의 따뜻한 마음으로 그리움으로
나 혼자만의 것으로도
차고 넘칠 만큼 좋아하니까!
그래도 순결한 내 마음을 조금은 전하고 싶다
사랑한다고 존경한다고
사랑의 바람에 실어 보내고 싶다
우리 스님들에게 순수 자체로
순수 그대로 나의 마음을
부처님 꽃비로 흠뻑 적시게
뿌려주고 싶다

## 해와 달

자연 그대로의 원형을 살려서
아기자기한 모습,
나무와 돌과 어우러져
꾸미지 않은 아늑함이 있고
넉넉한 관세음보살님이 계신다
사랑이나 미움이나 한세월 돌고 또 도는 것이
인생이라 하는 부처님 법문에
해와 달, 바람을 따라 살다 보면
생명의 소중함과 평안을 느끼게 될 것이다.
생각의 깊이와 넓이가 더해지고 넉넉한
여유도 갖게 될 것이다
관음전의 세상에서 가장 좋은
깨달음은 오래 오래도록 갈망 속에
담기기를 기대하며
환한 보름달 관세음보살의 미소를 바라보며
향하나 사루어 영원한 미소 속에서
감사기도를 드립니다

## 서쪽에서 뜨는 해

자연과 함께 더불어 살면서
오늘같이 가을비가 오는 날
절집 도량 이름 모를 꽃들이
한가득 피었구나
가을바람은 빗소리에 섞여
화음으로 들리고
어느새 저 높은 산은
하얀 잿빛 속으로 사라지고
오늘도 천 가지 만 가지 생각 끝에
이 가을이 다 가는구나
내일은 서쪽에서 해가 뜰려나

# 낙엽

무성한 녹음이
어느새 붉은 낙엽이 되어 떨어지는구나
잘난 것 못난 것 할 것 없이
낙하 되어 뒹군다
부처님 도량에 떨어지니 그 빛이 더 붉어
아름다운 꽃이 있은들 더 예쁠 수 있을까
검은 것이 있으면 흰 것이 더 돋보이듯이
느리게 가는 세월 같지만
낙하하는 낙엽은 빠르게 떨어진다
오늘도 최고의 진리를 깨닫듯
초자연적인 힘을 보았다
이 수행자는 언제 깨달으려나

## 가을 하늘

가을 하늘은 파랗게만 물들 줄 알았는데
회색빛 뭉게구름 몰고 와
허공에 던져 놓으니
금세 푸른 하늘은 사라지고
나뭇가지에는 빨간 잎만 몇 잎 붙어 있구나
시월의 마지막 잎새일까
가을의 향연 속으로 붉게
물들이는구나
가는 세월이 아쉬워
몰래 살짝 뛰쳐나와
붉은빛 물들인 낙엽 주워다
경전 속에 숨겨두고
올해도 단풍나무 밑에서
참선 수행했다고 묵언으로 전하련다

## 배꼽이 빨간 감

지난밤 보슬보슬 내린 비로
어느새 배꼽이 빠알간 감 알이 보인다
절집 뜰앞 감나무 잎이 물을 먹어
가을빛을 발한다
사심 없이 살라고 집착하지 않겠다고
다짐한 것이 조금 전인데
홍시 하나 뚝 떨어지니 그 마음 다 사라졌네
가만히 걸어가 덜 익은 감하나 주워서
뒷돌 위에 올려놓고
고이 익혀서 우리 회주 스님 드시게
맛있는 홍시로 익었으면…
세상 변하지 않는 것은
계절을 알리는 감이로구나
가을 풍경을 느끼며

# 무상

인생이 무상하다 여기며
흐르는 저 계곡물도
되돌아올 수 없듯이
수행자의 멀고 먼 긴 고행길
다시 돌아올 수 없듯이
사바세계 돌아갈 수 없다
붉은 노을 보며 지는 해가
다시 돌아올 수 없듯이
내일 뜨는 해는
수행자로 가는 길에 밝은 등불이 되어
부처님 진리 안에서
수행자의 삶을 살아가는 것이
무상을 증득하는 것이 아닌가
떨어지는 낙엽에 무상함을 느낀다

## 가을 달빛 소리

매일 매일 촛불을 켜 도량을 밝힌다
밤이면 밤마다 촛불을 켠다
오늘은 보름달이 법당 위에 떠 있어
촛불 대신 등불 대신 두둥실 떠 있다
해만큼이나 밝은 보름달이 떠
골방 스님네 방까지 훤히 밝힌다
차가운 못에도 달이 젖어 있듯이
지나가는 가을 수각 뜰에도 달빛이
물드는구나
오늘은 달빛 소리에 잠을 이루지 못하고
다 떨어진 나뭇가지 위에
낮달처럼 밝게 떠 있구나

## 보름달

해 저문 밤 붉은 보름달님이
가을을 가득 실은 둥근달이
집채만 하게 동쪽에서 뜬다
산꼭대기에 걸려 온천지를
밝게 비추며 절집을 환히
비춘다
높낮이 없는 밤하늘에
반백 년을 넘게 살아온
세월만큼이나 큰 보름달을
처음 본 것처럼 가슴이 벅차다
이제껏 어두운 하늘은 싫었다
늘 태양이 비치는 낮이 좋았다
하지만 오늘만큼은 밤이 좋다
둥근 보름달이 있으니 너무 좋다
내일이 추석이라서

# 추석

새소리 바람소리 풍경소리
숲이 들려주는 소리에
추석 보름달이 뜨니
그저 초연히 잊혀두었던
고향 부모님 생각에
향하나 사루어 그리운
마음 열어 사무치게
보고 싶은 부모님
소중한 인연이었습니다
오늘도 영단에 위패로 모셔
부모님께 기도드립니다
인연에 감사하며 살겠습니다
부디 극락 왕생하소서

## 지나온 세월

높은 하늘 흰 구름 어디로 갈까
앞산 위 나뭇잎에 붉은 꽃물 들이고
어딜 가시려고 저리 빨리 흘러갈까
내가 지나온 세월만큼이나
빠르게 흘러간다
나는 천 가지 만 가지 계획 짜 놓고
아직 이곳에 앉아 있는데
저 구름은 어디로 갈까
해님이 찾아와 반겨주니
너울너울 춤을 추는 것이
가을 저녁달도 밝게 뜨겠구나

# 바람과 함께

가을바람과 함께 찾아온 향기
꽃밭도 없는데 꽃을 피우니
그 향기가 코끝에 앉아
향기를 품으니
꽃밭이 따로 없구나
청풍이 어제인 것 같은데
온 산과 들에 핀 꽃을 보니
내가 머문 산사에도 가을이 왔구나
아!
이 가을이 갈 때는 바람과 함께
사라질 가슴을 열어둔다
번뇌망상 벗어놓고
가을 향기에 취한다

## 아! 가을이구나

앞산에 걸린 가을 하늘 구름이
부챗살처럼 퍼지면서
이 산, 저 산 모두 붉게 물들인다
와! 가을이구나
앞산이 불타는 가을이구나
대웅전 단청이 오늘따라
아름답게 보인다
활짝 열어놓은 법당에
앉아 있는 노승은
깨달음의 끈을 잡고
사바세계 붉게 물든
저녁노을 빛에
바람처럼 구름처럼
단풍놀이하셨으면 좋겠다

## 가을 들국화

가을로 가득 차 있던
뜰앞의 국화 꽃잎 사이로
밤새 내린 하얀 이슬 가득 실어
가을을 보내려 합니다
깊은 밤 꽃잎에 이슬 내려
눈 깜짝 사이에 노랑 국화꽃이
하얀색으로 바뀌어도
아직 가을이 아쉬워
남은 해님이 찾아오시니
흰색은 햇볕 따라 날아가고
샛노란 꽃이 춤을 춘다

## 수행자의 기도

해도 지고
날도 지고
계절도 지고
이 가을도 지고 있구나
부처님이시여
이 수행자
번뇌도 사라지고
망상도 사라졌으면 하고
가을바람에 속삭여봅니다
언제나 당신의 미소 짓는 얼굴에
이 수행자
숨이 멈출 때까지
미소 속에 살게 하여 주소서
저물어 가는 수행자의 기도입니다

## 강강수월래

세 스님과 홍인이
큰 보름달 밑에서
돌아라 돌아라 빙빙 돈다
저 높은 하늘에 보름달은
사바세계 비쳐주니
우리 스님 내 손에 손잡고
빙빙 웃으며 돌아본다
내일이 추석이다
우리는 강강 수월래
아무도 보는 이 없는 도량에서
깔깔대며 빙빙 돌아본다
나의 삶의 끈을 놓을 수 없는 인연들
그저 빙글빙글 돌며
사는 것이 인생이고
수행이겠지

# 붉은 융단

먼 산 위에서 붉게 물들어 온다
마치 먼 하늘의 정원처럼
아름답게 꽃을 피우는 것처럼
물들어 온다
누가 곱디고운 물을 들일까
해님일까 빛님일까
부처님일까
예수님일까
누구일까
산은 그대로 있는데
가을바람이 꽃잎을
물들이는 것일 거야
양손에 붉은 융단을 잡고
갈아주고 있는 것 같구나

## 살다 보면

낙엽 쌓인 도량을 청소하며
청소할 때는 몰랐지
도량이 그렇게 넓고 크다는 것을
돌 하나 주워 탑을 쌓아보니
쌓을 때는 몰랐지
돌탑이 그렇게 정교하고 크다는 것을
은행나무 심어 놓고
청소할 때는 몰랐지
노랑 은행알이 이렇게 탐스러울 줄
살다 보면 몰랐던 일
세월 가면 알겠지
열심히 수행하면
나 또한 깨달음을 알겠지

# 너는 누구니

이슬이 하얀
돌덩이 틈 속에
고개만 내밀고 기다리는
너는 누구니
어제까지 가을 하늘
달도 밝더니
오늘 아침 이슬 내려
하얀 집에 사는
너는 누구니
너의 집 앞에
잣 몇 톨 놓고 지나가며
다람쥐야! 다람쥐야!
불러도 대답이 없으니
너는 누구니

## 계절과 이별

어찌 그리 빨리 가시려 하십니까
이 가을 아직 남았는데
가을바람 불어오면 단풍놀이 가려고 했건만
가을바람은 높은 산을 내려와
깊은 산속 암자에도 갈잎이 숨어들어
낙엽이 되는구나
불가의 스님들 세속 인연 버리고
수행하듯이 계절의 인연 되니
갈잎도 나뭇가지와
이별을 하는구나
나는 아직 가을 못 보내고 있는데
겨울이 먼저 찾아와 서리로
손 흔들며 가을과 이별하는구나

## 아침 향기

산사의 아침 향기는
왜 이리도 감미롭고
신선한지
자꾸 맞고 싶어
실룩거리는 코가 팽창합니다
요즘 나는 이렇게
아침 향기를 가슴 깊이 품습니다
솔 향기는 머리도 맑고
       생각도 맑고
아마도 나는 이 향기를
깊은 마음 안에 살포시 안고
기쁨과 행복을 느끼는 것 같습니다
자연의 품에서
그저 머무는 것이 행복합니다

# 두려움

가을 문턱 넘기도 전에
겨울 알리는 서리 내리니
이내 몸도 또 늙어
붉은 단풍 떨어지는 것이
이렇게 아쉬워
한잎 두잎 적삼 주머니에 넣고
세어본다
손끝에 닿는 낙엽도
점점 감각이 둔해지는구나
대웅전 가는 길이 자꾸 멀어질까 두렵구나
많은 세월 살다 보니 바로 앞 문턱에
부처가 와 있구나

## 천당인지 극락인지

가을 하늘 높은 곳에
흰 구름 새 떼처럼 흘러간다
밝은 태양 아래
남아있는 그림자 한 점
남겨두고 이곳이 천당인지
극락인지 찾고 있는 이 중생
병원에 한 번 다녀오고서
세상 인연 다한 것처럼
많은 생각에 잠기는구나
아무것도 해놓은 것 없는데
그림자만 보다 성불하겠네
저 높은 하늘도 한 번 쳐다보시게나
구름이 일어났다 사라졌다 하니
허공에서 허하게 있지 마시게나
인연 따라왔다 간다네

## 비몽사몽

어두운 밤이 또 지나갔다
뜬 눈으로 있으면
시간이 멈추는 것처럼
가는 시간이 아쉬워
뜬눈으로 밤을 새워
의자에 앉아
눈 깜짝할 사이 비몽사몽
계곡물 위 낙엽 하나 싣고
빨리도 흘러가는 것처럼
아직 태양은 있지만 오후 시간까지
깜빡 잠에 취해
명상 한번 잘한 것 같구나
입에 침 닦으며 빙그레 웃는다
나는 눈을 감은 적도 없고
뜬 적도 없건만 하루가 지나갔구나

## 도토리 키재기

우리 대중 스님들은 키가 작다
도토리 키 재듯 매일 아침이면
홍인이가 키를 잴 때 큰스님부터
키를 잰다
줄어드는 키를 유지하기 위함이고
홍인이는 크는 키라 궁금하여 잰다
실상 눈이 밝은들 키가 큰 것이 보이랴
침침한 눈을 비비며
봐도 줄어드는 것을
모두 도토리 키에 저울에
올라서 느는 몸무게 보며
깔깔대고 웃는다
젊었을 때 나도 컸단다

# 바람 따라 물 따라

한발 한발 뗄 때마다
숨을 크게 쉬며
가슴에 이 향기를 담는다
가을바람이 불어온다
붉은 바람 노란색 바람
흰색 운무 몰고 오는 바람
향하나 사루어 놓고
법당 염불 소리
온 도량에 울려 퍼진다
옆집 작은 새도 같이
염불하듯 지저귄다
여기가 도솔천이 아니면
어디가 극락인가
신선이 따로 없네
바람 따라 물 따라
살면 되지 뭐!

## 보랏빛 국화

어디서 이렇게 예쁜 색을 가지고 왔니
이제 막 피기 시작하였으니
며칠은 더 아름답게 피겠구나
어떤 인연으로
이 척박한 돌 틈 사이에서
아름다운 보라 꽃을 피우고 있는지
지나가는 대중 스님들
보라 꽃물 향기에
흠뻑 취해보는구나
가을바람에 국화꽃
만발하니 꽃향기에
머뭇거림 없이
앉아있구나

# 수술

참으로 묘한 느낌이구나
이 나이에 무슨
더 살고 싶다고 수술을 할까
살아온 세월이
오늘 아침에 다 산 것처럼
몸은 천근만근 생사 열반
꿈만 같은 시간 앞에 부질없다
생각한 바 너무도 크구나
어떻게 부처가 되었을까
오늘 이 아픈 육신은 벗어날 수 있을까
이 작은 수술 날 받아놓고
죽을 것 같은…
아— 어찌 이 마음이 수행자라 할 수 있을까
번뇌가 잠시 나를
꽉 붙잡고 있었구나
이것이 병인 것을
어리석은 중생인 것을…

## 가을을 즐기는 강아지

낙엽이 이리저리 부스럭거리며
바람에 날려 가면
어디선가 많이 본 하얀 강아지
정신 없이 뛰어다니며
가을을 즐긴다
같이 뛰고 싶다
다리 힘이 없어 뛰지도 못하지만
바둑이랑 함께 뛰는 마음은
너랑 같단다
꽃이 피고 낙엽이 지는 것도
잠깐이구나

## 절벽 바위틈

가을색이 짙은 담쟁이
넝쿨이 울긋불긋 자연을
한껏 느낄 수 있는 거대한 암반에 붙어
고즈넉한 토굴 분위기는 한 폭의 그림 같은 풍경이다
졸졸 흘러가는 계곡물 소리도 덤으로 담아 걸망에 넣고
기분 좋은 가을바람 도반 되어
좀처럼 볼 수 없는 관음전 앞 절벽 사이
바위틈에서 가을이라는 계절 눈에
모두 담기 벅차 또 걸망에 담아
노랑 은행잎 밟으며
관음전 상단 위에
걸망 펼쳐 올려놓고
큰절 삼배 드립니다

## 파란 하늘

신선한 파란 가을 하늘
세상 근심 다 쓸어갈
가을바람 불어와
낙엽 덮인 오솔길
열어주는 가을 풍경도 놓칠 수 없는
가을의 정취 보며 미웠던 일 슬프던
기억 모두 저 높은 파란 하늘에
날려 보내고 그냥 즐겨 보아도 되는
계절이 아닐까
가을바람 이끄는 대로
오늘 하루만이라도
천년 숲 천년 도량 도림사
깊은 가을 향기 부처님 향기
덤으로 스님과 따뜻한 차 한잔
하고 가소서

# 노스님

늘 수각에 물 한 잔 목을 축이며
절집에 살다 보니
안개 낀 언덕 넘어
절집이 그리 멀리 느껴져도
절집에 살다 보니
떠나야 하는 노스님들
모두 떠나시고
빈손 들고 꿈에 찾아와
나의 손을
꼭 잡아 주신다
힘겹다 말고 저 계곡물도
저 바람도 나처럼 살다 간단다
그러니 나를 찾지 말고
나 기다리지 말고
저무는 노을 속에
또한 지나간단다
그렇게 사는 것이라고
그것이 수행자라고 꼭 안아주시고
떠나가십니까
행자 생활 그 시절이 그립습니다

## 번뇌망상

늘 가부좌를 틀고 앉아
남몰래 부풀어 오른 번뇌가
내 안에서 서성인다
슬며시 내 안을 들여다보아도
보이지 않는 번뇌의 씨앗
망상은 단 하나의
일각이 아니다
스쳐 가는 바람과
속삭여도 본다
어디에서 이렇게 찾아와
내 안에 와 머무는지
늘 그곳
늘 그 자리에
늘 깊은 숲속
늘 그 절에서
늘 그 수행자로 번뇌망상
속에서 살아가야만 되는지
오늘도 그 자리에서
홀로 정진합니다

## 석류알

가슴에 꽉 찬 가을처럼
빨갛게 꽉 찬 석류알
숟가락으로 떠서 한 입씩
입에 넣고 한쪽 눈을 찡그리며
서로 웃는다
석류알 속에 이렇게 가을 향기 가득
톡톡 씹히는 너의 맛 향기
따뜻하고 안락한 가을향기 방 안 가득 풍긴다
우리 식구 모두 이 가을의 정다움 가득
꼭 싸여있는 석류 알처럼 아주 작은 알알이
가득 찬 것이 서로 잘 보이려 톡톡 튀며 재잘거리는
아이들처럼 예뻐서 손 내밀기도 부끄러울 만큼
앙증맞고 예쁘고 아름다운 색을 지닌
너의 속살이 우리 홍인이 빨간 볼을 닮아
자꾸만 손으로 어루만지며 깊어가는 늦가을 향기에
취해본다

## 아름다운 산사

자연과 어우러져
수 천 년 동안 자리 잡고 왔을
자연 속의 늦가을 산사의 풍광
계곡 향기가 차를 우려낸 것처럼
바가지에 담은 청수(淸水)
소슬바람 불어와 붉은 낙엽 하나
담아준다
아름다움의 극치가 아닐까
긴 생명의 숨 들이마시며
불가의 향기를 가슴 깊이 담는다
물 위에 뜬 단풍잎처럼
붉게 물들어 선명하게 나에게 다가와
급히 지나가는 세월 속에
민둥한 하얀 머리 위에 고추잠자리 날아와 앉으니
가을향기에 푹 빠진 승려에게 삼라만상
일깨워주는구나

## 가을바람

오솔길 코스모스 피어
가을바람 따라 일렁이며
향기를 품고
온 산은 초록으로
뒤덮인 녹음이지만
가을 산을 생각해야 하는 계절
불자님들이 꿈꾸는 모든 일들
다시 시작하기 좋은 계절
부처님 전 기도하기 좋은 계절
무덥던 여름옷을 벗고 푸르던
먼 산은 이별을 시작하는 계절
이지만 벼싹이 알알이 여물어
잔 더위를 묻혀 더욱더
풍성함을 주기 위해 고개 숙여
사가락 사가락 가을바람에
영글어 간다
풍년을 기원하며 부처님 전
넉넉한 지혜와 깨달음으로
곧 풍성한 수확 거두니
탐심 놓으소서

피는 꽃이 있어야 사라지는 꽃도 만납니다
부처님 전 향하나 사루어
큰절 삼배 드리면
만사가 형통할 겁니다

## 바람 따라 향기 따라

솔솔 불어오는 산사의
붉은 가을바람 소리 귀 기울이며
국화꽃 가을 향기 바람에 실려와
잠들지 못한 승려 코만 실룩거리며
꽃향기는 승려 방문 열고 들어와
같이 잠 못 이루는 밤 지새우며
몸을 뒤척이면 더욱더 진한 향기에
눈을 지그시 감고 있어도 잠을 이루지 못해도
바람 따라, 향기 따라 마음은 왔다 갔다…
누워서도 바쁜 좋은 계절이구나!

# 낙엽은 지고

여름내 정성 다해 키웠던 꽃잎이
갖가지 모습으로 형형색색 날갯짓하며
화려함을 과시하더니
바람같이 저물고 가는 찬란하던 도량의 법계를
붉은색으로 짓누르던 나뭇잎은 어디로 갔는지
아무 일도 없던 것처럼 낙엽은 지고,
나뭇가지는 바람에 시려 윙윙 울부짖고
서쪽 하늘에 걸려있는 해는
초연히 겨울로 떠나는 모습이네
바람은 바람의 소리를 듣지 못하고,
추위가 온다는 것도 알지 못하네
가진 것은 작년에 입던 누더기 적삼뿐이지만
촘촘히 꿰매어 따뜻한 겨울을 준비해야겠다

## 큰 가슴

가을이 남기고 간 낙엽은
높이 높이 날아가다가
포대화상 큰 젖가슴 위
앉은 낙엽은
초겨울 바람이 날아와
마지막 가을 알리려
사그락사그락 비비며
소릴 낸다
간지러우신가
박장대소하듯
함박 웃는 모습에
이 승려도 웃습니다
포대화상 만나시면
함빡 웃으면 복이 온답니다

## 향기만 남기고

새로운 계절 문턱에서
또 다른 계절이 아쉽다
이 아름다운 꽃 다 보기도 전
지고 말다니
아쉬워 두 손으로
감싸고 코끝에 비벼본다
그래도 그윽한 향기는 남기고
가는구나
오늘 밤은 향기 품는 쪽으로
머리를 두고 자련다
많고 많은 꽃 중에
향기 남기고 간 꽃은
국화꽃 너의 향기가 제일이구나

# 자연이 보내는 신호등

어느새 붉은색 들로
온 산을 물들인다
울창하던 나뭇잎들
가실 때가 된 것일까
자꾸만 작은 토굴 앞까지
성큼 다가와 가을 붉은 단풍 볕
겨울나기 준비하라는 신호등인가
가을 햇살에 창호지도 바르고
문풍지도 손보고
땔감 준비하라고
푸른 잎도 다 벗고 앙상한
가지만 남겨 주신다
감사하게도
아름다운 단풍은 사라지고
올겨울 준비에 감사합니다

# 땅[地] 너만 믿는다

김장 배추김치
땅 너를 믿고 묻어 둔다
잘 익고 맛나게
땅 너만 믿고
저장한다
해마다 너를 믿듯
올해도 김장 김치 맛
땅 너만 믿고 묻어 두고
자연의 품에 안겨 포근히 맛난
김장 김치 부탁하며
겨울 먹거리 양식 단단히 저장하고 나니
할 일 모두 한 것 같아
마음은 포근한 것처럼 훈훈하게 준비하니
몸도 마음도 넉넉하다
김장김치 생각만 해도 입안이 시원하다

# 어느 날 갑자기

낙엽이 질 때쯤
어느 날 갑자기
눈이 내리고
눈이 오면 온 산천이
하얀 이불 덮고
조용히 잠을 자며
겨울을 난다
스님들은 땅에 묻어 놓은
감자 파서 밥 지어놓고
하얀 눈 아름다워 눈 속에
취해 눈과 함께
날 저무는 것 잊고 앉아
봄을 기다린다
어느 날 갑자기
봄이 또 오려나

## 모두가 벗이구나

유난히 반짝이는 오후
하늘에 오른 듯한 높은 산사 승려는
번뇌도 벗이요
망상도 벗이다
미움도 벗이요
성냄도 벗이다
주변의 자연도 벗이 된다
오늘은 저 높이 뜬 태양도 벗이 되어
하늘을 보니 은행나무 꼭대기
휘어진 가지 끝에 하나 남은
은행알 매달려 말없이
가지만 흔들더니
벗에 취한 승려
코앞에 뚝 떨어지니
화들짝 놀라 법당으로 가는구나

# 노승으로 가는 길

저 높이 뜬 해
서산 넘어가는 길
우거진 숲 봉오리
해를 가리는구나
낮에 뜬 해가 서산 뒤에
숨으니 마지막 남은 해
아름답기 그지없구나
승려가 되어도 저 서산의 붉은 노을
지는 해를 보며 옛 생각 하는구나
아직 조금 남은 해는
만물을 비추지만 일어났다 사라지면
곧 어둠이 되듯
서산에 걸린 붉은 노을
이 노승으로 가는 길과 같구나

# 자연 속에서

절이 선택한 산
자연이 선택한 삶의 여정
땅이 선택한 산사의 삶의 따뜻함
하늘이 선택한 삶의 신선함
부처님이 선택한 삶의 수행자
나는 얼마나 주어진 삶의 일관성 속에
허허롭게 살고 있는가
햇볕도 나누고
빗물도 나누고
새소리 바람 소리
대중 스님들과 나누며
그저 자연의 삶에 처해있어도
얽매이지 않고
하루 또 하루를 살아가며
더러워진 그릇 설거지하듯
깨끗하게 매일매일 변하는
자연과 함께 더불어 사는 삶이
이렇게 행복하다니
그저 자연에 늘 감사하며
정진하며 살아가련다

## 바람도 잠을 자는 한가한 오후

한해를 또 시작한다
늘 깨어 있는 수행자로 살면서
지금 당장 하고 싶은 것이 있냐고
나 자신에게 묻는다면 흐트러진 자세로
편안하게 한숨 푹 자고 싶다
늘 깨어 있는 것이 깨달음의 지름길이라
늘 긴장하며 부처님 되길 원하지만
지는 노을은 서산에 걸려 쉬어보라
쉬어라 외치다 거룩한 아미타 부처님 전
붉은 노을 깨어있으라 한다
불법의 승려는 아직 버리지 못 한 개으름
나무도 때가 되면
잎을 버려야 한다는 것을 알건만
어찌 아직 승려가 되어 큰 지혜 깨닫지 못하는가
다시 한번 몸 추슬러 정진수행 한다

# 가을바람에 핀 들국화

온 여름 푸른 잎 덮고
때를 기다리던 국화
가을바람 살랑 살랑
때가 되니 불어오는구나
꽃봉오리 피우려 하루하루를
기다리며 뿌리를 가득 내려
자리 잡고 앉아 때를 기다리더니
어느새 가을이 왔구나
말없이 밤새 붉은 물 떠다
주며 꽃잎에 선선한 가을바람
밤새 머물며 춤을 추더니
꽃봉오리 피우랴 속삭였구나
가을이 머물다 갈 때는 갈잎 되어
마른 물 가져가기 전에 빨리 피어
향기 가득 품어 부처님 전 공양하고
마지막 남은 고추잠자리도
가을풍경 즐기려무나
국화 향기 맞으니
극락이 여기구나

# 바람 한 자락

저 멀리서 먹구름 몰고 와
나를 감춥니다
그 자리에서 해탈이라도 한 양
불현듯 나 자신을
깨웁니다
바람 한 자락 몰고 와
웃으면서 지나갑니다
먹구름 한 줌 담아
주머니에 넣고
보름 달빛으로
내 마음을 비춰봅니다
먹구름 떠난 자리 밝은 태양 올라오니
관세음보살의 웃는 모습 정겹습니다

## 만행의 참맛

부서진 누룽지 한 봉지
걸망에 매고
구름 덮인 구불구불한 산길 올라
시원하게 펼쳐지는 만행 길
자유롭다 못해 그 자리에서
지팡이 하늘로 쳐들고
구름을 배어 보기도 한다
베어진 구름은 적당히
다시 뭉쳐 하늘과 땅
구분이 없다
한 발짝 뛰니 하늘의 신선이
툭 떨어지니 땅의 중생
말이 필요 없다
고개를 끄덕이며
이게 바로
만행의 참맛이로구나

## 내 마음인 것일까

초겨울 찬바람 따라 향긋한 냄새가 코끝을 스친다
꽃 한 송이 피우기 위해 얼마나 많은 시간을 보냈을까
눈빛으로 생각으로 하얀 서리에 덮여 신기하기보다는
아직도 싱싱한 모습이 놀랍다
허물어진 돌담 사이에 곱게 피어
수정처럼 맑은 향기를 품는구나
아– 이 또한 내 마음인 것인가
눈으로 아름다운 색을 보는 것도 내 마음이요
귀로 스쳐 가는 소리를 듣는 것도 내 마음이고
코로 향기를 맡는 것도 내 마음이요
입으로 달콤한 맛을 느끼는 것도 내 마음으로 결정한다
산 아래 사바세계의 문명화 된 세상에서도 이 아름다운 향기와
변함없는 구수한 흙내음과 싱그러운 풀꽃향기도
계곡물의 신선한 물맛 몸의 감각으로 느낄 수 있을까
산사에서 마음껏 보고 듣고 느끼는 무한한 깨달음의 영역에서
바르게 깨달을 수 있는 기회의 마음도 내 것이니
열심히 정진하여 반야의 지혜 증득하리라

## 산사의 첫눈

밤사이 몰아친 동장군의 세력으로
휘몰아치는 눈보라 바람이
산사를 온통 뒤집어 놓는 것처럼 대단한 바람
몰고 와 한바탕 힘을 과시하고 떠나갔다
산사의 가을 제국을 한순간에 몰아내고
하얀 눈으로 모두 꼼짝없이 묶어 버렸다
노란 국화도 하얀 눈 모자를 쓰고 힘없이
한순간에 갈 곳을 잃어버린 참담한 꽃잎이 되어
오늘은 고독과 고뇌 속에서 허덕이는 가을 국화
만개한 너의 고운 꽃잎을 감추어서 보이지 않고
하얀 솜으로 만든 눈부신 아기 동자처럼
청아한 맑은 자비의 미소 띤 모습이
무상정각(無上正覺)*을 이루는구나
산사의 첫눈 오는 날 떠나가 버린 가을
아픔도 미움도 없이 보내버리자
다시 찾아온 하얀 겨울 제국 맞이하며
누비 적삼 옷고름 다시 여미고 나니 그 속에
이미 진여의 화신이 되어 내 안에 안깁니다

- 산스크리트어 anuttarā-samyak-saṃbodhi 팔리어 anuttarā-sammāsaṃbodhi의 음사. 무상정각(無上正覺)·무상정등각(無上正等覺)·무상정등정각(無上正等正覺)·무상정변지(無上正遍知)라고 번역. 부처의 깨달음의 경지를 나타내는 말. anuttarā는 위없는, samyak은 바른, 완전한, saṃbodhi는 원만한 깨달음. 위없는 바르고 원만한 깨달음이라는 뜻.

## 꿈만 같은 세월

깊은 산 숲속에서도 가는 세월은 흔적 없이 지나가고
마음껏 먹고 즐기고 희로애락 속에서도 세월은
이래도 지나가고 저래도 지나간다
세월이 가는 것은 무엇이고 또 오는 시간은 무엇인가
세상사 절집이나 세속이나 같은 하늘 아래 살고 있지만
절집에서 승려로 삶을 엮어가는데 무엇을 더 꿈꾸려 하는가
세상에 꿈같은 내 것이 무엇인들 있으리요
그저 물같이 바람같이 살다 갈 뿐
눈 덮인 산사에서 묵묵히 눈 꽃바람 앞에 맞서 보지만
달리는 수레바퀴처럼 횡하니 지나가는 세월 바람에
풍경소리만 요란하구나
홀로 외로이 서성이며 지나가는 바람결에 꿈만 꾸던
세월 가볍게 날려 보낸다
승려로서 그 어떤 의미보다 부처님 승전을 불사 완공한
큰 뜻이 있는 세월을 보내며 그 어느 누구도 의미
없는 인생은 없지 않듯이
다시 한번 청정하게 가는 세월에 번뇌망상
다 보내고 지나간 좋지 않은 기억 속에 머물지 말자
연잎에도 물방울이 붙지 않듯이 털어버리자
세월도 멈춘 산사가 아니든가

비록 내 몸에는 헌 적삼 한 벌 걸치고

불법 따라 몸소 행한 것이 수년 세월

불사 도량에서 살면서 풀한 옷 입은들 무엇 하리요

마음의 집착은 가는 세월에 잡고 힘들어하지 말고

마음으로 한번 크게 깨달아서 진실한 부처님 법 잘 지키며

가는 세월에 이 수행자도 여여히 이 자리

조용한 산사에서 남은 여생 바람같이

물같이 살다 가려 합니다

## 물안개

깊은 산사 산자락에
물안개와 비구름이 잔뜩 낀 것 보니 비가 오려나
온 산천 축축하게 덮는 것 보니 하얀 눈이 오려나
겨울 산사는 관음하기도 예측하기도 잘 알 수 없으니
조금 늦추어 움직여야겠다
태양의 빛은 멀고 하얀 물안개 가득한 산사에
간간이 서산에서 날려오는 눈송이 안개 속에 묻혀 어둡고
법당 연등 불빛만 가물거리고
추녀 끝에 매달린 풍경 소리 따라
겨울의 시작을 알리는 눈이 오는구나
새로운 계절의 시작을 알린다
산중에서는 억겁의 세월 동안 석불의 어깨 위에 앉은
수많은 계절과 함께 자연이 준 소중함이 어우러져
겨울은 장관을 이룬 모습에 마음은 절로 차분하여
자연과 하나가 되어 조화를 느낄 수 있다
하얀 안개 속에 폴폴 날아와 코끝에 앉아 시린
눈송이로 소중한 계절의 만남 선사 해주니
늘 감사하게 느끼며 제행무상(諸行無常)인
산사에는 법계가 가득하구나

- 제행무상은 불교의 근본교의를 나타내는 3법인(三法印)의 하나로, 모든 것은 생멸변화(生滅變化)하여 변천해 가며 잠시도 같은 상태에 머무르지 않고 마치 꿈이나 환영이나 허깨비처럼 실체가 없는 것을 말한다. 무상하기에 인간은 지위나 명예에 집착하는 탐욕을 버리고 오늘 하루의 소중한 생명을 방일(放逸)함이 없이 정진노력(精進努力)하려는 정신적인 결의가 생겨나며, 이러한 것이 무상관의 참된 뜻이다.

## 홀로서기

항상 나에게
미소를 보내고 있습니다
오늘은 그 웃음을
나 혼자만 외로이 바라봅니다
스님들은 모두 각자
바쁜 일과 시간!
나 혼자 언제 봐도
다시 웃어주는
아름다운 미소 지으며
항상 모든 것 다 비우라고 하지만
내가 부처 될 수 없으니
이렇게 오늘도
미소만 지으며
외로이 혼자 있는 날
그대 모습 보면서
위안 삼으려 합니다

# 너랑 나랑
—힘겨운 강아지

산다는 것은
그저 작은 흔적 하나 남기는 일
눈 쌓인 절 마당에 앉아
그저 이렇게 유서를 쓰듯 끄적이지만
매운바람이 가슴팍을 찌릿하게 스쳐 지나간다
그저 인생이 다 그런 것이라고
삶이 시린가 코끝이 매운지
콧물 한 방울 뚝 떨어지니
마주 보는 절집 늙은 강아지
자꾸 쿨럭거린다
이리 내게로 오라고 예수처럼
두 손을 펼쳐 들고 허우적거리지만
힘없는 강아지 오늘따라
유난히 힘겨운지 허공만 바라본다
너랑 나랑 삶이 다 할 때까지 의지하며 살자

## 울력

기도하는 마음으로 언제나 울력한다
찬 바람이 불어도 새벽 아침
시린 손을 호호 불면서도 된장을 담는다
따뜻한 방에서 쉬고 싶다는 나의
상념들이 힘들게 할 때
그대 부처님이 있기에 힘든 것도
잊을 수 있고 손등을 할퀼 만큼
아린 아픔에도 가슴은 훈훈하다
온 힘을 다해 이 정성 저 정성 모두
다 한데 모아 불사 울력 기도
웃음꽃 피우고 우리 스님들의
된장 향기 바람 따라
부처님 전에 공양 올린다

## 부처님이시여

출가하여 사랑하고 존경하는
부처님을 만났고
출가하여 소중하고 가장 아끼는
스님들과 자식으로
다가온 홍인이를 만났다
출가하여 대웅보전을
복원 불사하였고
출가하여 도림사 역사박물관을
설립하였다
출가하여 길이길이 남을
관음전을 보존하였고
출가하여 역사에 한 구절도 남겼다
도림사 주지로 살면서
대작 불사 모두하고 나니
승려의 생활사 흔적만 남겼구나
물질적인 복덕은 한계가 있다는
부처님 법을 깨닫고 나니
힘없는 노승만 법당에
가부좌 틀고 앉아있구나

# 추억

그곳에는 과거의 그리움이 있다
흘러가는 지난 시절
햇살이 좋아 빨래하고
비를 맞으며 물을 기르던
지난날을 돌이켜본다
그곳에 외딴집 오막살이
토굴에 가물가물 모락모락
굴뚝에 연기가 피어오르는 모습이 정겨워
나무지게 메고
산으로 올라 나무를 하여 내려와
군불을 지피면
따뜻한 방은 온통 연기로 가득하다
눈이 매워 눈물을 닦지만
입은 웃고 마음은 행복했던 날들…

# 회주 스님

법당 염불 소리 멈추고
힘없이 걸음을 옮기는 표정을 보니
마음이 아프다
공양도 조금 드신다
마음이 저린다
이 풍진 세상을 견뎌 낼 수 없는 표정이다
아프지 않을 사람이 어디 있겠습니까?
지금까지 아파도 신음 한번 내지 않던
인자한 얼굴의 스님인데
요즈음 와서 얼굴에
그늘이 자꾸 생긴다
앉은 나무 의자에
못 하나 빠진 것처럼
어제의 젊은 날 보지 못한 얼굴을
자꾸 보게 되니 마음이 아픕니다
지금까지 잘 버텨 오셨으니
우리 식구 중심에서
곧은 자세로 끝까지
그 자리 지켜주소서!

## 굴뚝 연기

도림사의 하루를 시작하는
가마솥 굴뚝의 연기가
모락모락 올라오면
오늘 하루를 시작한다
커다란 궁전 같은
법당 지붕 위 연기 하얗게 부서지며
보이지 않는 미지의 세계로
사라져 버린다
바람은 부채를 닮은 것인가
살랑살랑 불어와
불 앞이 뜨거운 나의 몸을 식혀준다
하루를 시작하면 보이진 않지만
불꽃 연기는 어김없이
아침 여명을 밝힌다
흰 구름 얹어놓은
대웅전 용마루에
온종일 향긋한 향내 속에
나의 모든 여정 내려놓고
오늘을 시작하며
오늘 또 해탈한 승려로 살아보렵니다

# 어둠

세상에 단 하루라도
밤이 없는 여명은 없습니다
아침을 어둡게 할 수도 없습니다
세상에 단 하루라도
낮이 없는 밤은 없습니다
어둠은 밤을 알리고
새벽안개로 낮을 알리지요
하루하루 살면서
자연 원리를 깨닫듯
부처님 말씀 단 하루도
잊지 않으면
나에게도 깨달음의 성불할 날 오겠지
깨달음의 하루를 또 만나며…

## 새해 아침

설날 아침 차례를 지내려는
가족 불자들이 산길을 올라온다
마중 나온 백구가 제일 먼저 반긴다고 한다
높은 산길을 오르는 모습이 낯설기도 할 텐데
꼬리를 치며 반겨준다고 한다
수많은 산야초의 싱그러운 향기는
덤으로 제사상에 올린다
추운 겨울 날씨 입이 자주 벌어져
똑똑 달달 이빨을 부딪으며
헉헉 뿜는 입김도 한없는 산속 향기에 퍼지고
부드러운 이마에는 이슬이 맺혀
뽀얀 눈썹을 하고 영단에 예를 드린다
그 옛날부터 그랬듯이 새로운 한 해 시작을 부처님과
조상님들에게 예를 올리며 한 해를 기원한다

# 전통 음식

항아리들이 장관을 이룬다
맑은 물 흐르는 계곡가에 앉아
푸른 산 공기 마시며 잠시 묵념에 잠긴다
사찰음식 역사관은 절집 전통 이어가는 일이
몹시도 까다롭지만 뿌듯함이 크다
절제 속에 살아가는 절집 풍습과 품격 있는
절집 전통의 맥을 지키는 것이 참선 수행
정진만큼이나 중요하고
자연 속에 자연을 먹고 사는 절집 스님들의
전통 맥은 중요한 불심으로 승화된다
사찰음식과 인연이 되어 바른 먹거리 만들기
위해 우리나라 최고의 사찰음식의 역사가
이루어질 날이 머지않았음을 느낀다
절집 전통 장류의 맥을 이어 천년을 지켜온
가장 오래된 성스러운 전통의 맥을 지키려
오늘도 장을 담고 있다

## 동짓날

길고 긴 밤에 붉은 팥죽 한 그릇
떠다 놓은 하늘 그리는 촛불 밑에서
빌고 빌던 우리 어머니
지금은 큰 가마솥에 한 가마니도
적다 하며 팥을 쑤어 팥죽을 만들어
부처님 전에 올리며
이런 액운 저런 액운
다 불러 모아 놓고
따뜻한 팥죽 한 그릇 드리려고
불러 모은다
우리 불자님들 올해도 팥죽 한 그릇씩
나누며 정을 나누며
모든 나쁜 액운 다 물리쳐
좋은 행운만 오시길 기도 한다
금방이라도 찾아올 겨울의 시린 가슴
따뜻하게 녹여 줄 팥죽 한 그릇
매년 이때가 되면
변함없이 불자님들 나쁜 액운 막아 줄
팥죽 한 그릇씩 나누며 정을 느낀다

## 무상과 함께

깨달음을 향해 가는 수행자
시작도 끝도 없이
늘 무상과 함께 걸어간다
동행한 도반 스님도 같은 마음일까
언제쯤 서로 힘이 되었다고
마음 터놓고 차 한잔할까
갑자기 차가운 바람이 불어와
적삼 속에 앉으니
아이 추워하며 나의 마음을 부둥켜안고
따스함을 느낀다
이것이 수행의 동반자가 아닐까
내 안에는 따뜻한 마음을 가진
도반이 화두였구나

## 금빛 은행잎

어젯밤에 내린 서리가
몇 잎 붙어 있던 은행잎을
다 쓸어갔나 보다
어제만 해도 노랑 잎 금빛으로
온 대지 위를 금빛 물들이더니
어느새 이슬이 내려
노랑 금빛 다 떨어져
내 발목 높이만큼 낙엽이 되어 쌓이는구나
같은 하늘 같은데
어제와 오늘이 다르구나
무명 적삼 주머니 깊은 곳에
노랑 은행잎 하나 주워
깨끗이 닦아 넣고
간밤에 이 가을이 갔음에도
아직 이 승려 주머니 속에
아쉬움이 남아 있구나

# 하얀 이슬

작은 아기 동자승
머리 위에 하얀 이슬이
밤새 내렸나 보다
민둥한 나의 머리 위에도
하얗게 내려앉아 있다
저 앞산의 빛도 하얗게 보이는구나
찬바람이 스스로 찾아오듯이
겨울이 문 앞까지 와 있나보다
선선한 바람 갈 때
겨울로 가는 길이 서러워 잔설을 밤새
뿌려주고 갔나 보다

# 오고 간 계절

푸르른 산이 어제였는데
풀잎에 쌓여 계곡물이
보이지 않고 소리만 졸졸졸
밤새 열매만 남기고
사라진 푸른 잎들이여
어느새 온통 붉게만 보이던 산천도
어느새 가을바람 따라가다
남은 붉은 단풍 몇 잎 두고 가니
이제야 산이 보이고
계곡물이 보인다
어느새 새소리도 작게만 들리고
저 높이 솟은 구름 보니
지상에 여러 만물
그 실체가 낱낱이 보이는구나
오고 간 계절이 눈앞에 와 있어
삼라만상의 새 생명을
열매 속에 묻어 두고
떠난 세월 다시 찾아오면 봄이 오겠지

## 바람아 바람아

추위에 떨고 있는 계곡 절벽
부딪치는 바람 소리
떠돌던 바람도
심심하면 여기와 노는가
가끔은 쿵쿵 부딪치는
소리가 난다
바람아 오늘 또 심심하니
절벽에 낙석을 만드는 것 보니
이 승려 마음 갈고 닦으며
하심(河心) 한단다
나는 너를 못 본 척하는 것이 아니라
아직은 중생심이라
너를 보지 못한단다
낙석으로 네가 다녀간 것을
이렇게 표시하니
이제는 네가 보이는구나
절벽 틈 사이 핀 연산홍
꽃잎이 살랑살랑
춤을 추니
오늘은 봄바람이 와 노니
네가 보이는구나

## 자기 마음이지

예쁘지 않은 꽃은 없습니다
보는 이의 마음이지
행복하지 않은 사람은 없습니다
자기 마음이지
운이 없는 사람은 없습니다
자기 노력이지
사랑받지 못하는 사람은 없습니다
자기를 사랑한다면
자기 마음속에 꽃을 보듯
자세히 보면 모두가 행복합니다

# 덩치 큰 승려

출가하여 당신을 만난 것이
얼마나 행운인지
나의 마음을 항상 따뜻한 미소 짓는
얼굴로 살 수 있게 했으니
당신 앞에 무릎 조아리고
앉아 언제나 감사기도 한다
이 덩치 큰 승려는
당신 앞에 앉으면
여리디여린
조그마한 수행자일 뿐입니다

## 겨울 준비

꽃이 피고
꽃이 지고
날씨가 덥고
비가 오고
춥다
우리 눈으로 지나가는
세월을 볼 수는 없지만
거울 속에 비친 주름진 얼굴 보면
지나가는 세월을 볼 수 있지
구멍 숭숭 뚫린 삼베 적삼 벗어놓고
무명 적삼 갈아입고 있던 몸이
싸늘한 겨울바람 감당할 수 없어
누비 적삼 갈아입게 되는구나

# 세월이 장사일세!

천 가지 만 가지 꿈을 지고
산사에 찾아와 머문 수십 년 세월
하늘과 땅을 다 움직일 수 있을 만큼
큰 힘도 있을 때도 있었지
동쪽에서 뜨는 한 덩이 붉은 해
서쪽이 집인 것을
왜 몰랐을까
한평생 산천을 호령하며
살아온 놈 몇이나 될까
지금은 목청껏 염불해도
풍경소리만 못하네
그저 허허하며 숨만 쉬고 있구나

# 진심으로 고맙네

가는 절기 막지 말라지
오는 추위 무엇으로 막을까
절집의 월동 준비 바쁘다
모든 만물이 그렇듯이
겨울은 혹독하다
마음은 아직 젊은데
몸은 따라주지 않는구나
오늘따라 계곡의
물소리 시리도록 서글프게 들린다
아! 저 높은 하늘에 해가
따뜻하여 진심으로 고맙구나

# 이 마음 구름에 실어

하늘의 구름은 흰띠를 두르고
어디론가 가려고 한다
누구는 가을이 아쉬워
겨울바람 막아 주려고
저 산에 병풍처럼 떠 있다고
누구는 구름에 감춰진
천수 천안 허리띠처럼
하얀 장삼 풀어 놓은 것처럼
아름답다지
흰 구름 가실 때에는
흐르는 계곡물도 시비 소리로
들리는 이 승려 마음
구름에 실어 가소서

## 내 이름 불러주길

이름 없이 홀연히 왔다가
홀연히 갈려고 했건만
유수 같은 세월은
기다려 주지 않고
몸은 늙어 오는 것도
가는 것도 마음대로
할 수 없구나
귀머거리로 살려고 이름도 버렸건만
병원에서 대기하고 기다리는 이름
오늘따라 많은 환자 속에
귀를 열고 기다려도
부르지 않는 이름
부질없는 이름인 줄 알았건만
간절히 불러주길 기다린다

# 나무 난로

귀하지 않은 나무는 없다
쓸모없는 나무도 없다
나무는 작은 가지부터 큰 몸통까지
다 귀하게 쓸 수 있다
마른 가지도 주워서 나무 난로에 넣고
붉게 불이 붙으면
한 송이 꽃처럼 피어난다
절집 식구 모두 모여
따뜻한 초겨울을 느낀다
이미 죽은 나무도 땅에 떨어져
나뒹굴어도 주워 오면
한 송이 붉은 꽃불로
따뜻함을 준다
기특하고 신비롭다
따뜻한 난로 앞에
고양이, 멍멍이, 중생 하나
졸고 있는 모습도
귀한 도반들이다

## 서리 내린 아침

삭발하지 않는 내 머리 위에
언젠가부터 하얀 서리가 내려
흰 민둥한 머리 만지며
세월을 느낀다
묘 등에 서리 내린 모습이
민둥한 내 머리 같아
얼른 들어가 삭발 깨끗이 하고 나와
나는 서리 없다고 자랑하려 하니
너무 머리가 시려
얼른 모자 뒤집어쓰고
겨울의 문턱을 넘어
가는 것을 오늘 아침에 비로소
나이는 못 이기는구나 하고 느낀다

## 하얀 겨울

세상에 태어나
이렇게 하얀 눈보라를 보면서
겨울인 것을 실감한다
우리 승려들의 세상은
가장 귀한 것을 내어주며
살아왔지만
이렇게 하얀
티 없이 맑은 눈꽃을
아침 일찍 선물을
받아 기쁘다
계절이 주는 선물
당장 눈앞에 보이는 사물에
감탄할 따름이다
정작 시린 혹독의 추위와
싸울 때 싸우더라도 말이다

## 인간이란

인간은 다 원래부터
아름답게 태어난다
그러나 인간은 성장하면서
탐, 진, 치에 속박되어
불안과 두려움의 어두운
얼굴로 변한다
항상 밝은 마음
언제나 아름다운 미소
화해와 복덕만이
부처님의 깨달음을
증득하는 것이다
언제나 아름다운 미소를 지닌
승려로 살기 위해
오늘도 웃으며 시작한다

## 입에서 나온 말
―칭찬으로 시작하자

한번 입에서 나온 말은
돌이킬 수 없기에
다른 사람에게 말을 할 때
상처 주는 말이나 실수는
상대의 사람에게 평생 가슴에
아픔으로 남기에
마음의 상처는 육체의 상처보다
더 크기에
언제나 따뜻한 격려의 말은
상대방의 자신감과
더 나아갈 수 있는 희망의 등불을 켜
삶의 윤활유가 된다
희망이 곧 삶의 질을 높이기 때문이다
상대방을 따뜻하게 포옹하고
살아갈 수 있게 오늘 하루도 칭찬하여
반야의 지혜로 따뜻한 말부터
하루의 시작을 열어본다
수행자답게~

# 불로장생

서두르지 말자
공들여 만든 음식이 약이 된다
변덕스러운 행을 하지 말자
음식이 변하면 부패되어 오물이 튀듯이
거센 태풍 같은 성격을 버리자
하루아침에 건강을 휩쓸어 간다
마음가짐을 차분히 하여 언제나 중요한 것처럼
느끼고 살면 산들바람과 같이
부드러운 삶이 마음을 편하게 하고
고요하게 하여 잔잔한 마음으로 살면
불로장생하지 않을까
오늘 또 한 번 인내하며
수행하리라

# 불심

긴 한숨을 몰아쉬며
헐떡거리고 불타는 번뇌를
솔 향기에 뿜어내니
그 향기조차 맑구나
마음속 번뇌망상
끝없이 일어났다 사라지고
반복하며 키워온
불심이었기에 법당 앞에 당도하니
절로 두 손이 합장한다
부처님 자비하신 모습에
절로 엎드려 절을 하는구나
깊은 불심으로 해탈하리라

## 사진 속의 주인공

여름의 더위도
그림 같은 풍경도
추위에 도망갔다
잠시 쉬는 날
절집은 겨울 김장 준비에 바쁘다
늦가을의 아름다운 단풍이
절집 담장 넘어 스님들도
사진 속 가을 주인공 되어
함박웃음 지었건만
잔서리 내린 배추밭 농부로 돌아가
김장 준비하는 스님들이
오늘은 겨울 사진 속 주인공 되었다
겨울의 냉기는 무섭긴 무섭다

## 양말 한 짝

여름에 덥다고 문풍지 몇 개
뚫어놓았더니
바람 부는 겨울밤 되니 춥고 외로워
부르르 떨며 우는 밤이 된다
이 승려는 그래도 부처님이 계셔
춥고 긴 겨울밤 외롭지 말라고
빙그레 웃으신다
애써 큰 소리로 염불해 보지만
입술은 부르르 떨리고 뚫어진 문풍지 보며
중얼중얼 염불하다
벗어놓은 양말 한 짝
뚫어진 문틈 사이 쿡 끼워
울던 문풍지 소리 염불 소리
그렇게 서러워 슬피 울던
찬바람의 잔설도 없어졌으니
이 승려 이제야 잠이 든다

## 누비 적삼 벗는 날

조금만 천천히 와도 좋으련만
눈 겨울을 이기고 돌아온
너의 생명력에 감탄한다
온몸 겨울 냉기 가득한데
어찌 이리도 빨리 찾아와
피우지도 못한 꽃봉오리
내 마음 아프게 하는구나
조금 천천히 왔으면 좋으련만
따뜻한 봄이 오면
누비 적삼 벗는 날
스님이 알려주리라

# 콩비지찌개

절집 겨울은 추워야
먹는 최고 음식
공양간에 모여 후후 불며
뜨끈뜨끈하고 쿰쿰하고 구수한 맛
콩비지찌개를 먹어야 겨울이다
두부 만들어 부처님 전 올려
동안거 결제하기 위해
두부 만드는 날은
온통 야단법석이다
어떤 스님은 순두부가 맛있다
또 어떤 스님은 콩비지찌개가 맛있다
콩물 끓이는 스님은
안경에 김이 잔뜩 서려
앞은 볼 수 없어도
입가에는 웃음이 가득하다
그 어떤 맛도 스님 손에 잡은
시큼한 묵은지 한 사발 썰어 넣고
끓인 찌개가 이 추운 겨울날
맛보는 시큼하고 콤콤한
콩비지찌개가 최고다

## 김장하는 날

오늘 하루도 시작이다
어제 절여놓은 배추
잘 절여졌는지
궁금해 잠이 오지 않아
서성이다 한번 다시 뒤집어 놓고
와야지 휴 안심이다
그냥 잠이 들었으면
아유 짜구나 하며 심심하고
섬섬한 배추 시원한 김치맛
못 볼 뻔했다
배추 절여지는 동안
마음 한 번 놓지 못하고 지켜보며
뜬눈으로 오늘을 또 시작한다
맛난 김장 모두 담아 놓고
푹 며칠 자야겠다
달력 보니 내일이 보름이다
시장 갔다 기도 준비 또 서두른다

## 새해 달력을 받으며

또 새해가 온다는 것에
기쁘다 하지 말자
한 해 동안 해야 할 일들
열두 달을 펴놓고
빽빽하게 써내려 가며
계획을 잡아
바쁘게 살아왔다고 하지만
지나고 보니 후회뿐이다
그래도 새해가 되니 마음은 설레인다
그래 또 부딪쳐 보는 거야
올해는 모든 계획 버리자
텅 빈 칸으로 살아보자
텅 비우면 무엇이 또 채워질까 하며
한 손으로 한 장씩 넘기다
펜 잡은 한 손은 또 써내려간다
그렇게 많은 계획 속에 한 해를 시작하며
바쁘게 사는 것이 무엇이 그리 좋다고
또 빼곡히 채우며 웃으며
한해를 또 시작한다

## 산사에 살다 보니

저 찬바람도
저 먹구름도
저 붉은 노을도
저 얼어버린 계곡 속 물이
흘러간다는 것을
도인만이 볼 수 있고
느낄 수 있는 것이
아니라는 것을
절집에 살다 보니
안개 낀 날 법당 앞에 혼자 앉아
형체 없는 도인도 되어보지만
산사에 퍼지는 목탁 소리
자연의 소리 들리니
고요하던 산사에 정적을 깨우니
찰나의 순간에 도인은 사라지고
석불처럼 우두커니
먼 산만 바라보는 승려만 남아있구나

## 12월의 하루

일 년 동안 아무런 기량도 없이
흰 구름 가듯 흘려보내고
마지막 남은 한 달 천천히
갔으면 좋으련만
대낮의 풍설은
나를 또 바쁘게 한다
장작 한 줌 안고
쏟아지는 눈발이 앞을 가려
비틀걸음으로 아궁이 앞에 앉는다
큰 가마솥 겨울의 아궁이는
나를 기다리는 것 같다
이곳이 어디인가
뜨끈뜨끈한 장작 지핀 토방의
겨울의 따뜻함을 끌어안은 느낌은
극락이 따로 없다
조금만 천천히 더 즐기고 싶은
겨울이다
그러나 12월은 너무 짧다

# 차 향기

고요히 눈을 감고
깊은 생각에 잠길 때
법연 스님 차 한 잔
끓여오니 적막하던 법당
차 향기로 그윽하다
달콤한 차 부처님 전 올려
조용히 절을 한다
고요하던 내 마음은
자연스럽게 차 향기에 끓여
내 마음 깊숙한 곳
그 안에 몰입시켜 버린다
부처님 전에 올려놓은
향긋한 차향 내음이
추운 겨울 시린 법당 노승
코끝 깊숙이 부드러운
향기로 녹여 따뜻하게
깊은 생각 한번 잘했네
오늘의 주인공은 바로
나 아닌 차 향기였다네

## 눈 내리는 날

눈이 내리는 날은
그 누구도 밝지 않은 산사
하얀 눈송이 펄펄
나뭇가지에 소복이 쌓여
구름이 지나가다 걸려
앙상한 가지 위에
하얀 복사 꽃처럼 핀 것이
스님들 추운 마음에
하얀 눈송이
날려와 추억과 행복을 준다
아직 아이인 홍인이에게는
놀아 달라 보채는 눈송이
뽀드득뽀드득 맑은 소리 내며
이리저리 뛰어다니는 아이의
빨간 코끝에 하얀 눈송이가
코끝을 간지럽히는 것인지
연신 코를 만지며 휘날리는
하얀 눈송이와 춤을 추며
아이와 같이
즐겁게 놀아주는 눈송이
첫눈 내리는 오후는 아이의 세상이로구나

# 추운 동지기도

온몸이 시리도록
엄청 추운 날
올 최고 추운 날
동지기도 날이다
달도 별도 햇볕도 추워서
저 산 위에 머물고
바람도 추워 도망갈 날씨건만
찬바람 몰고 와 법당에 앉혀놓고
이 노승 염불하라 하네
따뜻한 난로는 불자들이 다 안고
따뜻한 조각 바람조차 다 막고 앉아
대중 스님들 앞에 앉혀놓고 염불하라 하네
진정 오늘밖에 없는 것처럼
염불삼매 들어보니 추위는
법당 밖에 있었구나
마음 한번 바꾸니
추위 덕분에
동지기도 따뜻하게 잘했다네

## 팥죽

낮보다 밤이 긴 날
가마솥 펄펄 끓는 팥죽
어두운 밤 둥실
달 떠오르는 것처럼
둥실둥실 떠오르는 새알심
찬 공기 서린 볼에
붉은 팥죽만큼이나
불그스레한 얼굴
안경은 코끝에 받쳐 걸고
뿌연 성에 낀 안경 속
오로지 부처님 보려고
거친 숨 몰아쉬며
올라오는 우리 어머니들
그저 자식 잘되길 바라며
기도하는 그 마음
자식네들 좀 알아주소서
부모님 깊은 사랑
오래 좀 간직하소서
미끄러운 빙판 산길 기어 올라와
부처님 전에 자식들 무병장수하라

기도하시고 팥죽 한 그릇 식을라
품에 안고 내려가는 엄마의 마음
아신다면 좀 안아주소서
엄마의 사랑 고이 간직하소서

## 봄의 징검다리


하얀 겨울 숲속
반짝반짝 빛나는
작은 등불 켜놓고
곧 봄이 온다는 소식을
전하기 위해 염불한다
이 도량 모든 미생물이여
조금만 참고 있어라
따뜻한 봄의 징검다리
넘고 있다는 것을
꿈 아닌 소식
목탁 소리로 알려줄게
나무 도량청정무하예(道場淸淨無瑕穢)

## 세월이 아쉬워

첫눈이 내렸습니다
펑펑 내리는 눈,
굴뚝의 연기가 춤을 추는 것 같다
댓돌 위 하얀 고무신은 눈님이 감추었나
보이지 않고 눈만 소복이 쌓였구나
머뭇거리지 말고 서성대지 말고
부처님께 첫눈이 온다고 어문 활짝 열고 보여드리자
가부좌를 틀고 앉아서 보고 계시는 부처님!
어떨까? 열두 달 풍경을 다 보신 소감이 궁금합니다
풍경소리 앞장세워 가는 세월 보채며
"돌아보지 마라 돌아보지 마라"
"때 묻은 티끌 하얀 도량에 던져 버리고 도량청정무하예"
가는 세월 아쉬워 말고
밝아오는 새해를 위해 큰절 삼배 드립니다

# 행복

큰 계획보다
불안한 가운데 괴로움이
나를 지배하기 전
무량겁을 행복하게 살고자 한다면
일념으로 행복하게
큰 행복에 대한 집착보다
작은 행복에 만족한다면
천하가 어려울 것 두려울 것 없다
세상이 고통 속에 빠져있음에도
항상 부처님 인도하시는
자비의 거룩한 진리
깨달음만이 광란의 인생사
세상은 무상하다 생각하시고
평생을 함께할 가족만이
행복을 주는 것 받는 것입니다
부디 올해는 가족과 함께
행복한 한 해를 서원으로 삼으십시오

## 한 송이 꽃보다

더 아름다운 눈꽃이 피었다
따스한 날 오후 얼음꽃이
반짝이는 물방울도 아름답다
아름다운 자연의 변화를
바라보며 잠시 걸음을 멈춘다
새로움의 설계를 시작하는
1월달 첫 단추를 잘 채우자
부처님 전에 활기와 아름다운
희망의 눈빛으로 두 손 모아 기도해 본다
순풍의 돛단배처럼
순조롭게 한 해를 시작하자고
다짐해 본다
한 번뿐인 승려의 삶을
혼자 아닌 부처님 같은 도반들과 함께
수행 정진의 날 그날까지
귀의합니다

## 고립되어도 괜찮아


눈이 오면 왠지 좋다
길이 없어져도 좋다
계곡을 적시는 물 얼어도 좋다
아궁이에 장작 활활 불꽃만
보아도 좋다
가마솥에 눈 녹여
추운 목구멍 따뜻한
물 한 모금 마셔도 좋다
토방 설강에 달린 메주의
쿰쿰한 냄새도 좋다
솔가지에 내린 눈 축 늘어져
어둠이 토방을 덮어도 좋다
조금 일찍 어둠을 끌어당기면
따뜻한 군불 방에 등짝 붙여 누워도 좋다
무거운 눈 실어 온 바람도
잠시 쉬었다 가시게나
대설이 내일이라네
추위가 방문 앞을
지켜주니 따뜻한 토방에
내 발목 묶어놓아도 좋다

# 철새

산새가 절묘하여
날아가던 철새도
잠시 머물며 쉬어 갈 만한 풍경
청정수 맑은 물
한 모금 먹고 다시 멀고 먼
따뜻한 곳으로 가기 위해
힘을 내기 위해 모여든다
역사가 반겨주는 박물관 앞뜰 장독대
구수한 장맛도 보고 목탁 소리에
스님 염불 소리도 들으며
잘 갔다가 봄이 되면
다시 돌아오렴
너의 빈 둥지 찾아
모이 주는 스님 찾아
모든 중생 제도하는 부처님 찾아

# 중생 서원

세파에 지쳐
참회하는 중생들
쉼터인 산사에서
자연과 같이
솔바람에 모든 시름
실려 보내시고
절에 왔으니
절로 마음 비우시고
중생 서원 발원하소서
부처님 전 간절히
합장하는 두 손에
발원하는 소원
가득 담아 가소서

# 붉은 화로

따뜻한 찻잔 두 손을 감싸고
가만히 눈을 감고 있다
말없이 숨을 천천히 쉬며
차향을 마신다
찻물을 먹을 생각은 없다
지금은 따뜻한 차 한 잔이
얼어 있는 나의 두 손을 녹여주는
붉은 화로처럼
따뜻하니 차향만 마시고
어두운 저 하늘
밝은 해가 뜨면
그때 찻물 마시련다

## 대웅전 문살 청소

법당문 꽃살 무늬를
솔로 먼지를 청소하며
흥얼거린다
일 년 만에 이렇게 많은 먼지가
쌓이니 툴툴 털어내며
또 이 먼지 어디로 날아가 앉으려나
망상 속에 풍경이
부르는 소리에 문득
귀 씻고 마음 한구석 쌓아둔 망상
털어내려 한다
세월 타고 자리 잡은
마음속 깊이깊이 쌓인 망상과
불경 소리는
승려의 가슴에
들어와 청정수 되어
씻어낸다
오늘은 먼지 덕분에 마음 청소 한번
잘했다
역시 공짜는 없구나

## 겨울은

얼음이 얼어 춥고
바람이 불어 춥다
눈보라 치니 춥고
눈이 쌓이니 춥다
먹을 게 부족해 춥고
두꺼운 옷이 없어 춥다
마음이 허해 춥고
부처님 법 깨닫지 못해 더 춥구나

## 한 해를 보내며

한 해 마지막 한날
하얀 눈이 내린 산사
새하얀 눈꽃 선물 받고
새벽 찬바람과 벗이 되어
법당 가는 길에
첫 발자국을 새기면서
나랑 함께한
해 달 별 바람 빛에
감사드립니다
향 하나 사루어 부처님 전에 올리고
또 새로운 한 해를 맞이하면서
만나는 소중한 인연들께
감사기도 드립니다

## 햇볕에 머리 감고

겨울 햇볕에 두 손 합장하며
얼굴 씻는 것 보니
어디 외출이라도 하려나
단장 다 하시고 법당 옆
한 모퉁이 퇴주 전에
어제 영단의 제삿밥 한술
먹고 가시게나
몹시도 반들거리는 예쁜 털 가진 다람쥐
오늘도 너를 보며 한 수 배운다
따뜻한 겨울 햇살에
너처럼 두 손으로
민둥한 머리 비비면서
내 머리도 햇살에
반짝이며 빛나려나
다람쥐에게 폼 한번 잡고
법당으로 향한다

## 겨울 눈꽃 덕분에

자연과 한 식구 되어 숨도 쉬고
자연이 준 만큼만 먹고
자연 속에 넘치지 않는 절집 생활을 하며
햇볕이 준 만큼 말려서 두고두고 먹으며
노루 꼬리처럼 짧은
한겨울 한낮 햇살을 돋보기 삼아
따뜻한 처마 끝 밑에 앉아
낡은 옷 주섬주섬 기워
강추위 준비 단단히 하고
자연이 준 겨울꽃
상고대 꽃 마음 사진기에
담아 봄이 오기 전 서둘러 부처님 전에
한식구가 된 대자연의 설경을 보며
일체 만물로 나투신 법계 진리를 지혜롭게 실천하며
참된 수행자로 정진하며
감사하게 살아가는 것이
절집 수행자들의 특권인 것 같다

## 내 제자 누가 할래

승복 입고 살다 보니
산에 살기 꼭 어울리는 옷을 입고
자연과 한 식구 되어 산다
태양이 뜨면 밝고 환한 산사지만
저녁이면 아궁이에 불 때는 냄새
정말 가슴 깊이 묻어둔 고향 같은 냄새
춥다고 아무것도 하지 않으면
하루 종일 아무것도 만날 수 없다
눈이 오면 고립된 생활도 괜찮다
눈과 노는 것도 제법 재미있다
자연이 준 선물 눈사람 관람객
앞에 두고 법문도 염불 콧노래도 부르고
두 손 가득 담아 입에 넣고 덜덜 떨며
시원하다 법문한다
혼자 놀며 마음껏 겨울을 가져다 쓴다
그냥 일어나는 데로 즐기며 배운다
갈고 닦은 수행 눈사람 제자 두고
법문하니 저만치서 봄의 제자가
찾아와 눈사람을 데려가
밀짚모자만 남기고 갔구나

겨울을 툭툭 털고 봄 제자 찾으러
걸망 메고 가야겠구나

## 낙엽 위에 쓴 편지

관음전 앞 계곡에 홀로 앉아
흘러가는 맑은 물에 풀잎 하나
띄워 보내며 물 위에 떠 있는
구름 위 극락세계 계시는
어머니 안부를 물어봅니다
가랑잎 한 장에 이 사연 저 사연
적어 이 못난 자식 승려 마음까지
실어 보내려 하니
입춘이 지났는데 아직 남은
계곡 얼음이 따뜻한 꽃피는 봄날
봄바람에 실어 극락까지 전해주려나
꼭 잡고 있다가
벚꽃 향기 나면 도착하겠지

## 섣달 매화꽃 향기

촛불 하나 피워
산중 어둠 속
홀로 전각문을 여니
법당 문전에 웃으며 기다린 듯
추위 속에 향기로 떨고 있는
매화꽃 향기가
법당 상단에 먼저 오르려 한다
서리 속에 능히 꽃을 피웠으니
어찌 부처님께 자랑하고 싶지 않을까
마음껏 자랑하고
이 빈승 들고 있는
이슬의 찻잔 속에
꽃잎 하나 띄워
섣달 매화꽃 향기
전해주렴
법당 매화꽃 향기는
천상 꽃밭에 앉아
오늘은 성불한 것 같소이다

# 동장군

백원산 물줄기
한곳에 흘러들어
작은 폭포 만들더니
겨울의 찬 동장군이 바쁘게 찾아왔구나
낙동강 큰물 찾아 정처 없이
흘러가던 물이 나그네가 되어
밤새 동장군이 찾아와 얼려버린 계곡
집채만 한 얼음덩이로 변해 장관이다
언제 다 녹으랴
스님들 처소 머리맡에 둔 청수
꽁꽁 얼려버리더니 털 고무신마저
얼려 꼭 잡고 놓아주지 않으니
오늘은 어떻게 법당에 갈려나
혼자서 추위 탓만 하며
주지 스님의 몸은 누에고치처럼 움츠리고 앉아
염불하며 앉아 있구나

## 보내는 한 해

이른 새벽 도량에서
높이 뜬 달을 보며
또 한해를 기도하여 본다
훌훌 털고 떠나가야 하는 저 달을
흘러가는 세월 아쉬워 가는 길이
얼마나 어려운 일인지 새삼 깨닫게 된다
그냥 마지막 남은 달력을 넘기면 될 것을
매일 분주하게 생을 옭아매던 일상이
낯선 새해가 주는 긴장감에 가슴은 설레지만
실상의 자리 비교할 수 없기에
마지막 한해도 다시 오는 새해도
걸림 없이 세월 따라
언제인가 보낼 것을
새해 뜬 아침 달을 보며 잘 가소서
아침의 태양이 곧 온답니다
어둠을 밝히며 염불하는 소리에
풍경소리 물소리 바람 소리
벗 삼아 새해를 맞는다
그래 걸림 없이 또 한 번 부딪쳐 보자
저 밝은 새해 태양처럼
부처님 미소로 웃으며 시작합니다

## 윤회하는 계절

문풍지 사이로 쉥~ 쉥~ 하며
눈보라 쳐 흰 가루눈이 날려 들고
추녀 끝 풍경소리는
봄의 소식을 전하러 온 것인지
밤새 거칠게 품어내는 바람도
멈추고 하늘은 맑고 눈 향기 그윽하다
따뜻한 도랑의 모퉁이
겨울의 온갖 시련 이겨내고
눈 덮인 땅은 푸석푸석
꿈틀대는 것 같다
겨울은 왔다가
땅만 얼려 놓고
그냥 또 가는 것인가
돌고 도는 것이 윤회라지만
시작은 언제부터인가
계절의 변화는 그저 왔다가
때가 되면 그저 나만 두고 가는구나

# 세월

좋은 세월 욕심나
내 꿈같은 세월 앞에
자연인 만큼 자유롭게 살다가
가슴 열고 마음 열고
다 보일 수 없지만
진실을 이제 양심
고백하고 싶다
소설 같은 이야기지만
한 둥지에 틀고 앉은 세월이
몇십 년이 넘었다
또 자유로워진다면
산 좋고 물 좋은
이곳에서 30년 더
머뭇거리며 살고 싶구나
아~ 30년도 짧구나…

## 그곳에 가면

저 높이 구름과 같이
지나가는 새 떼들
산 넘고 물 건너
어딜 가는 것일까
언젠가는 다시 돌아올 때까지
저 산은 그 자리 있겠지
낙엽이 땅에 떨어져 뿌리로 돌아 나무 위로 올라와
다시 잎을 달듯이 저 새 떼 급한 볼일 생겨
갔다가 다시 돌아올 때
이 승려의 마음 양식이 될
고승의 설법 물고 와 주렴
네가 올 때까지 그 산에 그대로 머물며
무덤덤하게 묵상하고 너의 둥지 잘 지키며
초연히 침묵하며 기다린다

# 산사의 소리와 향기

탄공 스님 지음

| | |
|---|---|
| 발행처 | 도서출판 **청어** |
| 발행인 | 이영철 |
| 영업 | 이동호 |
| 홍보 | 천성래 |
| 기획 | 육재섭 |
| 편집 | 이설빈 |
| 디자인 | 이수빈 | 김영은 |
| 제작이사 | 공병한 |
| 인쇄 | 두리터 |

등록   1999년 5월 3일
　　　(제321-3210002510019990000063호)

1판 1쇄 발행   2025년 3월 1일

주소   서울특별시 서초구 남부순환로 364길 8-15 동일빌딩 2층
대표전화   02-586-0477
팩시밀리   0303-0942-0478
홈페이지   www.chungeobook.com
E-mail   ppi20@hanmail.net

ISBN   979-11-6855-316-3 (03810)

본 시집의 구성 및 맞춤법, 띄어쓰기는 작가의 의도에 따랐습니다.
이 책의 저작권은 저자와 도서출판 청어에 있습니다.
무단 전재 및 복제를 금합니다.